说话做事追求
尺度的人生大智慧

分寸之道

马小平◎编著

北京日报出版社

图书在版编目（CIP）数据

分寸之道：说话做事追求尺度的人生大智慧 / 马小平编著. -- 北京：北京日报出版社，2024. 11.

ISBN 978-7-5477-5053-7

Ⅰ. C912.11-49

中国国家版本馆CIP数据核字第2024AW8294号

分寸之道：说话做事追求尺度的人生大智慧

出版发行：北京日报出版社

地　　址：北京市东城区东单三条8-16号东方广场东配楼四层

邮　　编：100005

电　　话：发行部：（010）65255876

总编室：（010）65252135

印　　刷：三河市华润印刷有限公司

经　　销：各地新华书店

版　　次：2024年11月第1版

2024年11月第1次印刷

开　　本：710毫米×1020毫米　1/16

印　　张：14

字　　数：210千字

定　　价：58.00元

序 言

PREFACE

分寸，人生的大智慧

在人的一生中，每个人都在努力驾驭自己的人生航船，追寻各自心中的理想彼岸。而在这个过程中，对“分寸”的把握往往成为决定航程顺利与否的关键。那么，分寸究竟是什么，为什么它会如此重要呢?

首先，分寸是一种对“度”的精准把握。这里的“度”指的是事物发展的边界，如果随意超出尺度、突破边界，就容易造成很多负面影响。《论语》有云：“过犹不及。”这也是在提醒我们凡事有度，“过头”或“不够”都是不合适的。因此，我们在说话做事时，应当根据情境和对象的不同，灵活调整自己的态度和方式，既不冒进，也不退缩。而这需要我们对自己有清晰的认识，对他人有充分的理解，对情境有准确的判断。

其次，分寸是一种平衡的艺术。在儒家经典思想体系中，“中庸之道”倡导的便是这种恰到好处的平衡。所谓中庸，并非平庸，而是一种寻找最佳平衡点的智慧，即“执其两端，用其中于民”。这要求我们在面对各种情境时，既要避免过于偏激，又要防止过于保守，在两极之间找到一个既符合实际情况，又能彰显个人价值的平衡点。这种平衡不仅体现在对外在世事的处理上，更体现在对内在情感的调控上。无论喜怒哀乐，都需要有一个适当的表达程度，过之则失，不及则缺。

最后，分寸是一种内心成熟的体现。在心理学家看来，分寸的把握与个体的自我认知、情绪管理，以及社会适应能力密切相关。美国心理学家丹尼尔·戈尔曼曾直白地表达了这样的观点："你让人舒服的程度，决定着你所能抵达的高度。"的确，一个能够恰到好处地把握分寸的人，往往具备较高的情商和丰富的社会经验。他们可以清晰地认识自己和他人的需求与边界，在情感表达上做到收放自如，同时也能够在行为选择上做到权衡利弊、顾全大局。这不仅让他们在人生的道路上走得更远，也让他们在与人相处的过程中获得了更多的尊重和被认可。

对于每个人而言，分寸都是不可或缺的。懂得分寸意味着能够更好地掌控自己的情绪和行为，避免冲动和失态；能够更好地处理人际关系，赢得他人的尊重和信任；能够更好地实现自我价值的提升和成长。同时，人们对分寸的把握有助于形成和谐、稳定的社会氛围，减少冲突和矛盾；有助于提升社会整体的道德水平和文明程度，推动社会的进步和发展。

然而，人们对分寸的把握并非易事。它需要我们具备深厚的文化底蕴和丰富的人生阅历，更需要我们拥有敏锐的洞察力和坚定的意志力，才能在瞬息万变的社会环境中不断调整自己的心态和行为方式。不仅如此，分寸还要求我们既要保持独立自主的个性，又要在与人交往中学会谦逊和尊重；既要有敢于追梦的勇气，又要在面对现实困境时保持冷静和理智。这种在自我与他人、理想与现实之间寻求平衡的过程，对于我们无疑是一种巨大的挑战。

在现实生活中，我们常常会看到一些人因为过于追求某种目标而失去分寸，最终导致事与愿违；也有些人因为过于谨慎而错失良机，使自己的人生陷入平庸；还有人为了追求个人利益或表达自我观点，忽视了他人的感受和需求，导致人际关系紧张甚至破裂。这些失败的例子都提醒我们要时刻注意分寸，用智慧和修养去把握人生的尺度。

那么，如何才能恰到好处地把握分寸呢？这需要我们至少能够做到以下几点：

第一是尊重，即尊重他人的权益和感受，不触碰他人的底线，这是在人际关系中把握分寸的基础；第二是理解，即理解他人的立场和需求，以同理心去沟通和交流，这样在说话时才会更有分寸，有助于增进彼此的理解和信任；第三是适度，即在处理事务时，我们既要有自己的明确考量，又能客观判断实际情况，这样做事才会有分寸，才能把事情做得恰到好处。

当然，对于分寸的把握不是一蹴而就的，它需要我们不断积累经验、总结教训、调整策略。只有通过不断学习和实践，我们才能逐渐熟练掌握分寸，让自己在人生的道路上走得更加稳健和从容。

目 录

CONTENTS

第一章

说话的分寸：言多必失，学会慎言

1. 把握言辞的尺度：避免过度与不足

恰当的言辞，能够帮助一个人有效地传达信息、建立关系、解决问题，而不恰当的言辞则可能使一个人陷入尴尬，甚至引发误解和冲突。

所谓言辞过度，是指我们在说话时超出了应有的分寸或尺度。比如，在表达自己观点时给人一种咄咄逼人的感觉；在讨论中过于激烈地强调自己的立场，不容许他人有不同意见。这样的言辞过度，往往会让对方有压迫感，产生抵触情绪，甚至激化矛盾，导致沟通无法继续进行。

孔融是东汉末年名士，“孔融让梨”的故事大家耳熟能详。据记载，孔融性格刚正不阿，与曹操辩论时往往言辞犀利，咄咄逼人，曾多次讥讽、挑衅曹操。比如，曹操在赤壁之战后颁布了禁酒令，孔融坚决反对，并说“酒之为德久矣”，列举了许多古人饮酒的例子。还有，针对曹丕霸占了袁熙妻子甄夫人的事情，孔融逞口舌之能，对曹操说：“武王伐纣，以妲己赐周公。”意思是说，我看你曹操的所作所为，想必当时武王应当是把妲己赐给周公了。对于孔融编造这个故事来讽刺自己，曹操深感羞辱。况且这样的事情不止一次，日积月累，曹操对孔融的怨恨越积越深，最终忍无可忍，欲除之而后快。208年，孔融被曹操以多项罪名诛杀。

孔融的这种说话风格，就是典型的言辞过度。言辞过度不仅是盛气凌人、压制对方，有时过度的赞美、夸张和浮夸，也会让对方心生反感。当然，过度的抱怨或指责更是别人不喜欢的，必然会破坏和谐的氛围，伤害他人的感情。

所谓言辞不足，是指在应当表达清楚时，没有表达完整或充分，使对方无法理解，甚至误解我们的真正意图。

在生活中，无论是言辞过度还是不足，都不利于良好沟通的实现。为了避免这两种情况的发生，我们在表达自己的想法时需要做到以下几点：

（1）在沟通时，我们需要首先了解对方的文化背景、教育程度、职业类型等因素。不同的人对言辞的接受程度和理解方式是各不相同的，我们需要根据对方的特点和需求来选择合适的言辞。比如，与年轻人交流时的言辞，需要我们表达得更加生动、活泼；与老年人交流时的言辞，需要我们表达得更加稳重，给人被尊重的感觉。

（2）在沟通之前，需要明确我们的目的，并根据不同的目的合理运用不同的言辞。比如，我们的目的只是向对方传达信息，那么就需要使用言简意赅的言辞；如果我们的目的是与对方确立关系、沟通感情，那么就需要使用友好、亲切的言辞；如果我们的目的是说服他人，那么就需要使用有说服力的言辞，做到论述周密。

（3）在表达同一件事情时，不同的语气和语调会产生不同的效果，传达给对方的情感和态度也会不相同。比如，温和的语气和语调可以传达友好、亲切的情感；生硬的语气和语调则会让人感到冷漠、不友好。

（4）在任何时候，我们一定要保持言辞客观、真实，避免过度夸张和贬低。过度夸张和贬低他人都是不礼貌的，会给人一种不诚实、不可信的感觉，让对方觉得我们不友善、不尊重对方。

（5）和人沟通时，要养成耐心倾听的习惯。每个人都有自己的观点和看法。在沟通时，我们不能强迫他人接受我们的观点和看法。对于他人不同的观点，我们也要耐心倾听，给予充分的理解和尊重。

（6）在不同的时机和场合，我们要合理使用不同的言辞。比如，在正式场合，我们需要使用正式、规范的言辞，要严肃谨慎，有所准备，不能随意发言；在非正式场合，我们则可以使用随意、自然的言辞，给人一种亲近的感觉。此外，我们还需要注意表达言辞的时机，避免在不合适的时机说不合适的话。

（7）不断学习和提升准确把握言辞尺度的能力。掌握准确把握言辞尺度这种技能并非易事，需要我们通过阅读书籍、参加培训、演讲练习、与他人交流等方式来不断学习和提高。同时，我们还需要在日常生活中不断实践，总结经验教训，以便更好地把握言辞的尺度。

2. 说话不能太直，学会先思考再发言

说话太直，指的是在与他人交流时，只顾及表达自己的意见，而缺乏对他人感受的考虑。

说话太直的人往往滔滔不绝，口无遮拦，想到什么就说什么，不经过深思熟虑，忽略了他人的感受和反应。

年轻时的曾国藩说话很直。据记载，早年的曾国藩特别健谈，与人交谈时，尤其爱出风头，自以为是，因此得罪了不少人。比如，有一次曾国藩父亲过生日，曾国藩的老乡郑小珊前来祝寿。当时，曾国藩刚进入翰林院，有些得意忘形，于是在酒桌上拉着郑小珊夸夸其谈，口无遮拦，说了很多不应该说的话，导致郑小珊愤怒离去。后来，曾父写信劝告他改正，曾国藩也认识到了自己的错误，并开始注意自己的言行。曾国藩曾感言："行事不可任心，说话不可任口。"

确实，曾国藩的例子具有很大的启发意义，我们要充分认识到说话过直的危害。这种方式可能会无意中践踏别人的尊严，让他们感到痛苦和失落。如果我们总是不顾及他人的感受，别人可能会对我们产生反感，从而疏远我们。另外，在某些场合，过于直接的表达方式可能会引起别人的不满，使其产生抵触情绪，导致无法进行有效的沟通和交流，从而无法找到解决问题的最佳方案。

因此，在说话前，要学会先思考，后发言。

（1）当我们与人沟通时，要学会控制自己的情绪，不轻易激动。如果感到情绪波动大，可以深呼吸一下，先让自己冷静下来，然后再思考如何表达自己的观点。同时，在日常生活中，我们也要学会管理自己的情绪，不要让情绪左右我们的言行。

（2）在表达观点之前，要养成换位思考的习惯。先想一想，如果别人对我们说这样的话，我们会有什么感受。只有设身处地地为他人着想，才能更加理解他人的处境和心情，从而避免说出伤害他人的话。

（3）在与人沟通时，我们要耐心倾听他人的需求和想法，学会在倾听中捕捉关键信息，并更好地回应对方。说话太直的人往往急于表达自己的观点，缺乏对他人想法的了解，导致自己的表达无法与他人产生共鸣。人与人交往不是单方面的言语输出，而是彼此相互交流的过程。

（4）要学会用委婉、温和的方式表达自己的观点，避免使用过于强硬或直接的语言和语气。比如，在提出建议时，应避免说“你应该……”，而是说“我觉得如果……可能会更好”。这样，对方会更容易接受我们的建议。

3．是赞美还是吹捧，取决于态度和分寸

在人际交往和社会活动中，我们常常会表达对他人的认可、欣赏和尊重。在这个过程中，有两种看似相似但本质上截然不同的表达方式：赞美和吹捧。

赞美是一种真诚地、发自内心地对他人的优点、成就、行为或品质表示肯定和欣赏的表达方式。这是一种温暖人心的力量，能够传递正能量，激发他人的积极性和创造力，能够增强他人的自信心和自尊心。

赞美源自一个人内心的真实感受，是对他人的尊重和客观的评价。在生活中，我们赞美他人时需要用真诚的态度，并且用恰当的语言表达出来，这样才能让对方感受到被认可和重视。赞美有助于我们建立良好的人际关系。

与赞美不同，吹捧则是一种对他人的优点、成就、行为或品质过度夸张和不真实的表达方式。吹捧是一种虚伪的行为，它不能给对方带来真正的价值和意义，有时还会让对方感到不自在和反感。

吹捧往往是出于讨好、迎合、奉承他人等目的，而非基于对他人的真正认可和尊重。吹捧通常夸大其词，使用华丽、夸张的语言赞美他人，而不考虑这些赞美是否符合事实。这不仅无法帮助我们建立起健康、稳固的人际关系，有时还会适得其反。

但是，有时候，赞美的话并非人人都会说。一不小心，赞美过度，就

成了令人生厌的吹捧。

李丽的总经理是一位女士，穿衣非常时尚、有品位，几乎每天都会以不同的装扮亮相。李丽是一个喜欢赞美别人的人，但她经常无法把握赞美的尺度和分寸，几次都将赞美的话说得变了味儿，让总经理很难堪。然而，李丽却丝毫没有察觉。

有一天，总经理从李丽的办公室门口走过。李丽说道："哇，总经理，您又买了一套新衣服，款式真不错。您瞧瞧，这颜色真好看！真适合您的体型。"总经理并不喜欢别人对自己的穿着评头论足，况且年纪也不小了，身体有点发福，她只好勉强地微笑以对。

第二天、第三天，总经理路过李丽办公室门口时，总能听到她的赞美声："这套衣服真漂亮，很贵吧？""总经理的打扮真时尚，这款项链真适合您的肤色。"面对接二连三的赞美，总经理终于忍耐不住了。一天，总经理把李丽叫到办公室，对她说："我不是批评你，有时候并不是每个人都喜欢被夸。而且，你要知道，你的那些话说出来，别人听见了还以为我多么奢侈呢。以后请不要在我面前说这样的话了。"李丽听完尴尬得面红耳赤。

在这个故事中，李丽赞美别人本无错，但她却没有把握好赞美的尺度和分寸，最终使赞美变成了令人讨厌的吹捧。

生活中，我们应该怎样把握好赞美的尺度和分寸呢？需要注意以下几点：

（1）赞美一定要针对别人真实存在的长处，而不是不切实际、故弄玄虚。因此，我们要善于从对方身上找到可以赞美的地方。有些人很少赞美他人，一个重要的原因就是他们看不到别人身上值得赞美的地方。

（2）赞美要翔实、具体。我们的赞美用语越翔实、具体，越能说明我们对对方的了解，以及对其长处和成绩的重视，从而使对方感受到我们的真诚、亲切和可信，彼此的距离自然也会越来越近。那些含糊其词的赞美语言，比如“你这次做的真不错，比我想象中好多了”，这种赞美可能会让对方觉得你原本对他的预期很低，不仅不能引起对方的好感，甚至会产生不必要的误解和信任危机。

（3）在人际交往中，我们要认真、仔细地把握时机，恰到好处地赞美他人。在适当的时机赞美别人，可以达到事半功倍的效果。比如，在别人工作取得成绩时，及时送上一句赞美的言语，犹如锦上添花。当对方心情愉悦时，听到你真心诚意的赞美，其欣喜之情可想而知。然而，如果对方心情不好，正想平静地休息一会儿，这时候你的赞美可能就显得多此一举、令人讨厌了。

（4）我们赞美他人一定要适度。赞美的尺度把握得怎样，会直接影响到赞美的效果。恰如其分、点到为止的赞美才是真正的赞美。运用过多的赞美词语、过度的恭维和空洞的吹捧，只会让被赞美的对象感到浑身不自在，甚至还会感到难受。因此，我们的赞美之言不能滥用。赞美一旦变成吹捧，赞美者不仅不会收获对方的微笑和认可，反而会将局面搞僵，处于尴尬境地。

（5）我们赞美他人一定要真心诚意，发自内心。真诚是赞美的首要条件，只有发自内心、实事求是的赞美，才能显示出它的魅力。

首先，我们所表达的赞美内容一定是被赞美对象真实具备的特点，而不是虚构的，更不能是对方的缺陷或不足。其次，赞美时要情真意切，发自肺腑，绝不能言不由衷。任何谄媚的吹捧，最终都会被他人识破，招来厌恶和唾弃。

总之，我们应当学会以正确的态度和恰当的分寸去赞美他人，让赞美成为传递正能量、增进人际关系的桥梁，而不是陷入吹捧的误区。

4. 批评要注意“火候”，别刺激他人的自尊心

生活中固然需要赞美，但是批评也是不可或缺的。

批评是一种重要的管理工具，能够促使我们改正错误，努力达到目标。然而，批评也是一把“双刃剑”，它既能促进个人成长，也可能在无形中伤害他人。

忠言逆耳，良药苦口。从古至今，批评往往都会被人们所拒绝，其中主要有两个原因：一个原因是批评者不了解当事人的一些处境和造成失败或者错误的原因，盲目判断，导致当事人感到委屈；另一个原因可能是批评者没有采用正确的言辞，不注意批评的“火候”，在批评的过程中伤害了当事人的自尊心。

《战国策·齐策》中有一个“邹忌讽齐王纳谏”的故事。

邹忌是齐国的美男子。有一天，他分别问妻子、妾和客人自己与城北徐公谁更美。妻子说他美，是因为偏爱他；妾说他美，是因为害怕他；客人说他美，是因为有求于他。

邹忌由此联想到齐威王，他上朝时对齐威王说：“我确实知道自己不如徐公漂亮。可是我妻子偏爱我，我的妾害怕我，我的客人有求于我，他们都认为我比徐公美。如今齐国有方圆千里的疆土，一百二十座城池，宫中的妃子、近臣没有谁不偏爱您，朝中的大臣没有谁不害怕您，全国范围

内的人没有谁不有求于您。由此看来，大王您受蒙蔽很深啦！”

齐威王说：“好！”就下了命令：“大小官吏百姓能够当面指责我的过错的，受上等奖赏；上书劝谏我的，受中等奖赏；能够在公共场所批评议论我的过失，并能传到我的耳朵里的，受下等奖赏。”命令刚下达，许多大臣都来规劝，宫门前庭院内人多得像集市一样。

邹忌没有直接批评齐威王被蒙蔽，不愿意纳谏的问题，而是以自己身边的小事类比，既达到了批评、劝谏的目的，又没有伤害齐威王的自尊，让其很容易地接受他的观点。

由此可见，我们在生活和工作中需要注意批评的“火候”，在表达时要格外用心，既不伤害他人的自尊心，又能有效地促进工作。那么，具体应该怎样去做呢？可以考虑以下几个方面：

（1）我们要选择合适的时机进行批评，避免在对方情绪低落、压力巨大或疲惫不堪的时候进行。人在情绪稳定、平静时，更容易接受他人的批评和建议。

（2）我们在批评时要保持平和、冷静，避免流露出愤怒、急躁的情绪，语言要温和，以免引发对方的抵触情绪。要尽量采用建设性的语言，从关心和帮助对方成长的角度出发，而不能一味指责。

（3）我们要尽量避免在众人面前批评他人，以免使对方感到尴尬和羞耻。而采用私下开诚布公的一对一交流的方式，对方更容易感到被尊重。

（4）在批评时，我们要给予对方解释和回应的机会。批评时不要急于下结论，要倾听对方的解释，也许会有新的发现和理解。这样的互动能避免我们误会他人，也能让批评更客观、合理。

（5）我们在批评之后要给予对方鼓励，让对方感受到信任和期望。批评的目的是帮助对方成长，只有让对方知道你相信他有能力改进，并给予鼓励和支持，才能使批评转化为积极的动力。

总之，批评需要有恰当的分寸，充分考虑对方的感受，避免伤害对方的自尊心。只有这样，批评才能成为一种建设性的力量，促进个人和团队的发展。

5. 有技巧地说“不”，别让人下不来台

在人际交往中，当我们面对他人各种各样的请求时，下意识的反应往往是说“是”，因为我们害怕拒绝会让对方不高兴，破坏彼此之间的关系。

可是，对于任何事情，当我们无原则地说“是”时，我们可能会逐渐失去自我，被他人的需求和期望所淹没。首先，我们的时间、精力和情感都是有限的，如果不懂得合理地分配和拒绝，可能会导致身心疲惫、压力过大。其次，毫无节制地答应他人，也可能会让我们无法专注于真正重要的事情，影响自身的发展和成长。

况且，在某些场合，恰当地说“不”不仅不会让对方难堪，反而是一种对自己和他人的尊重与负责任的表现，能够体现出我们对自身边界的维护意识。因此，有技巧地说“不”也是一项非常重要的能力。

说“不”需要技巧和智慧，不能简单、粗暴地直接拒绝。

蔡元培任北大校长时，有一些权贵想把自己不成器的子弟塞进北大。蔡元培没有直接生硬地拒绝，而是以北大的招生标准和教育理念为由，强调北大要培养有真才实学的人才，对学生的选拔有严格的程序和要求。他耐心地向这些权贵解释，北大注重学术水平和综合素质，不是靠关系就能进入的地方。同时，他也表示会公正地对待每一位考生，不会因为特殊关系而破坏公平原则。

这样，蔡元培既坚持了原则，又避免了与权贵们的直接冲突，灵活地

说了“不”。

因此，我们要学会以一种温和、体贴的方式，既技巧地表达自己拒绝的立场，又让对方能够理解和接受。

首先，在拒绝之前，我们要表达对对方的尊重和理解，以减少对方的抵触情绪。比如，可以说：“我知道你现在的困难，也很理解你的处境。”然后，再诚恳地说明自己拒绝的原因。这个原因一定要真实、合理，不会引起对方的猜疑，使对方能够理解我们的难处，知道我们不是故意推托。

在拒绝的同时，我们还可以给对方提供一些替代方案或建议，帮助对方寻找解决问题的办法。这样既表达了拒绝，也显示了我们的关心和积极的态度，不至于让对方直接陷入绝境。

其次，我们在说“不”时，要注意拒绝的语气和态度。语言要保持平和、友善，避免生硬、冷漠。同时，也要注意拒绝的场合和时机，尽量不要在公共场合或者对方情绪不好的时候直接拒绝，以免让对方无法接受，使气氛变得尴尬。同时，说“不”的时候，一个微笑、一个温和的眼神，也能缓解拒绝给他人带来的冲击。

再次，我们不能通过第三个人的传话来拒绝。这样做不仅会显得你对人不够真诚，还会让对方觉得你是在逃避，并且对方以后可能还会因这件事来找你。此外，有些事情是不适合让第三个人知道的。

最后，当我们需要拒绝时，应该果断，不怕得罪人。对于一些明显不合理或不恰当的要求，我们必须学会坚决回绝。即使有时为了避免冲突或出于其他原因不便于直接拒绝，我们也要用比较隐晦委婉的语言向对方暗示，坚决达到拒绝的目的。

古人说，有所不为才能有所作为。总之，我们只有懂得拒绝，学会说“不”，才能轻装上阵，才能真正走向成功！

6. 劝说要有分寸，避免喋喋不休

在人际交往中，劝说扮演着重要的角色。比如，在教育活动中促使学生改变某个习惯，或者在工作中希望别人接受某个观点，又或是在社会中倡导某种行为，劝说都是一种常见的沟通方式。

劝说的目的在于引导他人自愿地接受我们的观点、想法或建议，从而做出积极的改变或行动。然而，要让别人主动接受我们的观点、想法或建议，却不是一件容易的事，这取决于我们的劝说是否成功。

现实生活中的人们都有好胜的天性，希望能说服他人并获得赞同。这导致我们在劝说他人时容易犯喋喋不休的毛病，只是一味地强行灌输自己的观点，甚至逼迫对方妥协和顺从，而不考虑对方的感受。

喋喋不休是一种语言暴力，会给对方带来诸多负面影响。首先，对方会感到厌烦和疲惫，无法集中精力去思考我们所说的内容，甚至产生逃避的心理，想尽快结束谈话；其次，会让对方感觉不被尊重；最后，这会损害我们在对方心目中的形象，让人觉得我们啰唆、不讲道理，从而降低对我们的信任。

我们如何才能避免喋喋不休的劝说误区，在劝说中既能掌握一定的分寸，又能做到有效且恰到好处呢？我们应该注意以下几点：

（1）我们要给予对方充分的表达机会，学会倾听他人的观点、理由和感受。

首先，在倾听时，无论我们多么想开口讲话，多么想发表自己的见解，都要尽量忍住，千万不要轻易打断对方的话，除非是绝对有必要。

其次，我们在倾听时，一定要集中精力。心理学家的研究表明，一般人的倾听和思维速度大约比说话速度快4倍。因此，往往是说话者的话还没有说完，听话者就已经能够理解大部分内容了。但也正是出于这个原因，我们在倾听时更容易分心，以为自己已经听懂了对方的话，从而在理解上出现偏差，无法发现问题的关键，最终导致对方的劝说缺乏说服力。

（2）我们要尊重他人的选择和决定。即使我们的观点或行为与对方不一致，也不能强行要求对方必须接受我们的意见。在劝说过程中，每个人都具有一定的思考能力和判断标准，我们的建议只是一种参考，最终的决定权还是在对方手中。

（3）在劝说的过程中，我们要注重方式方法。劝说时，应以一种温和、理性的方式进行。比如，可以多使用一些委婉、商量的措辞，避免使用命令式、指责式的语句，让对方更容易接受我们的观点。还可以采用一些沟通技巧，如提问、举例、对比等，引导对方思考问题。

此外，我们在劝说时，还要不时地与对方保持目光交流，用眼神表达肯定、赞同或建议，这会使对方觉得我们更真诚和可靠。同时，我们也可以适当地使用肢体语言，对对方的话表示回应。眉头紧锁、义正词严的劝说往往容易引起对方的抵触。

（4）我们要寻找恰当的时机来劝说别人。并不是任何时候都适合进行劝说，当对方情绪激动、心情不好或者正忙于其他事情时，我们的劝说可能会适得其反。当一个人心情低落时，我们首先应该给予关心和安慰，等对方情绪稳定后再找合适的时机进行劝说。

（5）劝说他人时，我们要保持足够的耐心。劝说往往不是一蹴而就的，可能需要多次沟通和交流才能达到效果。我们不能因为对方一时没有接受我们的劝说就失去耐心，甚至发脾气。要保持平和的心态，持续地与对方沟通，逐步引导对方改变。同时，我们也要根据对方的反应适时调整我们的劝说策略，以适应不同的情况。

（6）劝说别人时，我们更要以身作则。我们自己都做不到的事情，却要求对方去做，这样的劝说很难有说服力。我们应该通过自己的行动来证明我们所倡导的观点或行为是正确的、有益的。

（7）我们要针对不同的对象，灵活调整劝说的分寸。比如，针对老年人，我们不能急于求成，而应慢慢渗透，可以通过分享一些身边的例子或者新闻事件，用他们能够接受的方式来表达我们的想法。同时，我们也要注意语气和态度，不要让他们觉得我们是在挑战他们的底线。

总之，劝说他人时，要懂得尊重对方的选择和决定，用恰当的方式表达自己的意见，避免因喋喋不休而破坏沟通效果和彼此的关系。

7. 追问要点到为止，避免“越界”而不自知

追问是我们在人际交往中获取信息的一种常见方式。通过追问，我们可以更深入地了解事情的细节、他人的想法和观点，从而丰富我们的认知和理解。然而，追问也需要适度，做到点到为止，否则可能会超出合理的边界，引发一系列问题。

适度的追问能够促进交流和互动，但过度则可能导致尴尬和不愉快。每个人都有自己愿意分享和不愿意分享的权利。我们应该尊重他人的选择，而不是强行突破他人的心理底线，“越界”去追问他人不想分享的信息。

追问的“点到为止”还体现在对他人的尊重上。每个人都有自己的隐私和个人空间，都希望在一定程度上保留自己的独立性和自主性。当我们过度追问时，可能会侵犯他人的边界，破坏这种自主性，让对方感到不舒服、被冒犯，甚至产生反感。比如，感情状况、家庭背景、收入情况等，都属于个人隐私，过度追问这些事情，是对别人的不尊重。

从信息获取的角度来看，追问也需要有个度。虽然深入探究问题可以获得更全面和准确的信息，但如果不考虑对方的知识储备、时间和精力，过度追问可能会让对方感到疲惫和厌烦。比如，在采访活动中，无休止地提出问题，可能会使对方感到精疲力竭，无法提供高质量的答案。而且，过度追问还可能导致对方产生厌烦情绪，随意给出答案，最终造成信息不准确。

追问过度还可能引发信任危机。当我们对他人不断追问时，对方可能会认为我们对他们缺乏信任，从而影响彼此之间的关系。信任是建立在相互尊重和理解的基础上的，而过度追问往往表现出对他人的怀疑和不信任。

那么，如何把握追问的适度性，避免“越界”呢？

（1）我们在追问时要尊重他人的意愿和隐私。追问时，我们要时刻保持敏感度，意识到哪些问题可能会触及他人的敏感点，先在心里思考一下这个问题是否合适继续追问。如果侵犯到他人的隐私或让对方感到不舒服，应该果断选择放弃追问或者换个更温和、不那么直接的方式去了解。

（2）我们在追问时要关注对方的情绪和反应。如果对方表现出犹豫、不自在或者明显的抗拒，表明我们的追问已经让对方感到不适。此时，应立即停止追问，避免进一步“越界”侵犯对方的空间。

（3）我们要明确自己追问的目的，确保追问是出于合理的需求。如果我们是为了获取解决问题的关键信息或其他重要目的，可以适度地进行追问。如果仅仅是出于好奇而进行无意义的追问，很可能会“越界”。这时，我们应该克制自己，避免给他人带来不必要的困扰。

（4）我们在追问时要采用合适的方式和语气。追问时要保持礼貌、温和与尊重，避免使用强硬、逼迫或审讯式的语气。我们可以多采用委婉、友善的方式提出问题。比如，“我想再了解一下……可以吗？”或者“我不太清楚这一点，能不能请您再详细说说？”，这样的表达方式更容易被对方接受，也降低了“越界”的风险。

（5）当对方回答了我们的追问后，我们要给予积极的回应和反馈。这能让对方感受到我们在认真倾听和重视他们的回答，有助于建立良好的沟通氛围，使对方更愿意在以后的交流中与我们分享更多信息。

（6）我们要不断提高自我觉察能力，经常反思自己的提问行为是否恰当，是否有“越界”的倾向。如果发现自己曾经有过不恰当的提问，要及时反思并改正，增强自己在这方面的意识和敏感度。同时，也可以通过观察他人的优秀沟通方式，学习如何更好地进行提问而不“越界”。

（7）我们在追问时要考虑对方的感受和立场，尊重对方的拒绝。在追问之前，我们应当先思考，如果自己处于对方的位置，是否愿意被这样追问。即使我们的追问是合理的，但对方仍然不想回答。在这种情况下，我们要尊重对方的决定，不要强行追问。

总之，追问是一种有用的交流技巧，但只有在尊重他人、点到为止的前提下，才能发挥其积极作用，促进良好的人际关系和有效的信息交流。

8. 不探问隐私，不强行“分享”

个人隐私是指公民个人生活中不愿意公开或被他人知晓的秘密，如个人的生活习惯、身体缺陷、私密照片等。

在心理学中，隐私是每个人内心深处的宁静角落，承载着个人的秘密、经历及情感。任何人都不希望这个宁静角落被他人擅自闯入或打扰。无论是否有意，当我们侵入对方的隐私并将其暴露于众，就如同打破了一道无形的保护屏障，必将给对方带来伤害和困扰。

我们每个人都享有隐私权，即对个人的、与他人及社会利益无关的个人信息、私人活动和私有领域具有支配权。隐私权作为一种人格权，需要得到每个人的尊重。

在人与人相处的过程中，能否尊重他人的隐私是衡量一个人品德和素养的重要指标。

张虹是一家贸易公司的经理，平日里大家都说她是一位关心员工的好经理。

有一次，一名新员工向她请假：“张经理，我有些不舒服，想明天请假去医院检查一下，希望您能批准。”

张虹关心地问：“严重吗？要不要现在就去医院看看？请病假我当然会批准，你放心去吧！”

员工好奇地问：“您不问我生的是什么病吗？”

张虹挥了挥手说："你不告诉我肯定有你的难言之隐，我为什么要主动问呢，对吧？"

后来，员工感激地对张虹说："其实当时之所以请病假，是因为担心得了乳腺癌，当着同事们的面不好意思说。不过，幸好只是虚惊一场，检查结果显示一切正常。谢谢您没有追问我为什么要去医院看病，我一直很担心同事们知道后，会在背后议论我。"

张虹拍了拍她的肩膀，安慰道："我们每个人都应该尊重别人的隐私，没事，你别放在心上。"

每个人都有不想让别人知道的隐私，只有学会尊重他人的隐私，才能赢得他人的尊重。张虹作为公司的经理，正是因为做到了这一点，才得到了员工的拥护和支持。

《增广贤文》中写道："来说是非者，便是是非人。"意思是说，与人相处时，随意将他人的隐私传播出去，会被定义为"是非人"，这样就很难交到真心的朋友，在人际交往中也会举步维艰。

每个人都有不愿意让外人知道的事情，愿意与你分享是出于信任。如果把朋友的隐私当作谈资，会失去朋友，也会被人厌恶。

只有做到不探听、不随意分享他人的隐私，才能让我们的人际关系更加和谐、稳固和长久。

一个叫小丽的女孩，性格内向，平时话不多，但内心世界却十分丰富。她有一段不为人知的过去，曾在年少时经历过一些挫折和痛苦。

小张是一个很爱分享的人，但有时却缺乏分寸。有一次，他得知了朋友小丽的一个秘密，是关于小丽家庭的一些特殊情况。小张觉得这个秘密很有意思，在一次聚会中，不经意地就将其说了出来。小丽听到后，脸色瞬间变得很难看，她感到自己的隐私被无情地暴露了，内心充满了屈辱和愤怒。从此，小丽与小张之间的友谊出现了深深的裂痕，再难修复。

这个事例反映了不尊重他人隐私、随意分享他人隐私的危害。探听他人隐私会让对方感到被侵犯和不安全，进而对我们产生抵触和防范心理；而随意分享他人的隐私，则是对他人信任的背叛，会严重损害彼此之间的关系。

在社会这个大舞台上，每个人都有自己的故事和秘密，这些都是属于他们的宝贵财富。我们应该以尊重和理解的态度对待他人，不要试图挖掘那些别人不愿意展示的部分。当我们与他人交流时，要学会倾听，给予对方足够的空间和时间去表达自己，而不是一味地追问和打探。

尊重他人的隐私也是道德和伦理的体现。它展现了我们的善良、宽容和同理心。当我们克制住自己的好奇心，不去触碰他人的隐私时，我们就是在以实际行动践行对他人的尊重和关爱。这样的行为不仅能让他人感受到温暖和信任，也会为我们自己赢得良好的声誉和人际关系。

9. 小心！幽默也有雷区

在生活中，有一抹亮丽的色彩，那就是幽默。幽默在不同的场合，能够带给我们不同的情感体验。在职场上，适度的幽默能够缓解工作压力，放松紧张的情绪，增强团队的凝聚力；在社交场合，幽默可以使我们更具人格魅力，吸引他人的关注和喜爱，拉近人与人之间的距离；在家庭生活中，幽默能增添生活的乐趣，促进家庭成员之间的感情。

但是，幽默也有它的雷区，如果不小心踏入，可能会造成误解或尴尬，甚至伤害他人的感情。

幽默的第一个雷区就是幽默目的不明确，尺度掌握不恰当。幽默的作用往往有两个：一是逗乐听众，活跃气氛，在不断努力创造的欢乐氛围中增进与他人的感情，进而达到自己的目的；二是通过幽默展示我们的才华。

在公司，王经理向来严肃认真，给人一种不容易接近的感觉。秘书小张一直想找机会和王经理多交流，以拉近彼此的距离。有一天，王经理刚看完一本小说，十分惋惜地说："这本小说写得太好了！我非常喜欢里面的主人公。可是，文章的篇幅太短了，'不解渴'！"小张在旁边笑着回了一句："什么？'不解渴'？我这儿还有一瓶汽水呢，肯定能让您解渴。"王经理被逗乐了："呵呵！小张还是一个很懂幽默的人啊！听完你说话，我也没有那么大的压力了。"

在这个事例中，王经理本来是要谈论对小说的感受，而秘书小张却话锋一转，把话题转到“口渴”上。小张不仅语言得当，还逗乐了王经理，活跃了工作气氛。我们需要明白，员工对领导，并不需要一味地毕恭毕敬。如果员工能在适当的时候，运用出其不意的语言与领导交流，就会形成一种强烈的反差，达到拉近感情的效果。

下面的这个例子则正好相反，踏入了幽默的雷区。

星期一早晨，小李看见经理穿着一件崭新的灰色西服来上班，就说：“经理早上好！您今天穿的这件西服显得特别精神！”经理笑了：“真的？有那么好看吗？我怎么不觉得呢？”小李继续说：“经理，您不知道，您穿着这件衣服有多可爱，简直就像灰太狼一样！”经理的脸顿时沉了下来。

小李本来是想用幽默的语言与领导沟通，但由于言语不当，没有把握好分寸，反而起到了相反的效果。

幽默的第二个雷区，就是涉及英雄、种族、宗教和性别歧视的内容。每一个时代的英雄都值得我们尊敬，英雄人物的光辉形象是不允许任何人亵渎的，更不可作为幽默对象。现代社会是一个多元化和包容的社会，任何涉及种族、宗教和性别歧视的幽默不仅不搞笑，还会传播仇恨和偏见，破坏社会的和谐与稳定。

幽默的第三个雷区，就是用粗俗语言当幽默。任何一种幽默都要基于礼貌用语，无论在什么场合，好的内容才能形成好的语言风格。在现实社会生活中，常常会有这样的人，说起玩笑话完全不顾场合、不分时机，甚至拿恶俗、不雅的语言当作一种幽默哗众取宠。这不仅不是幽默，而且反映出这个人的不文明、不礼貌，甚至是没文化、没教养。

幽默的第四个雷区，调侃不如自己的人。客观地说，从我们的角度来看，不如我们成功的人肯定有很多，他们可能正处在事业低谷期，甚至正在经历各种不堪。如果我们总是调侃不如自己的人，甚至对此津津乐道，这绝非幽默。他人对我们的评价肯定是刻薄、不厚道，甚至会认为我们是在落井下石。

幽默的第五个雷区，就是拿别人的伤疤作为幽默对象。这一点，不用多说。拿别人的伤疤来当幽默，是对对方的一种伤害，也是极其不礼貌的体现，会让气氛非常尴尬。

另外，幽默还要避开庸俗的笑话。那些贬低和诋毁他人的内容或者一些荤笑话，只能迎合低级趣味，登不上大雅之堂。幽默还应注意场合和时机。在葬礼、追悼会等悲伤严肃的场合，绝对不能幽默。在别人正处于紧张、焦虑或面临重大抉择时，也不适合幽默。

总之，幽默是一门艺术，需要我们用心把握分寸和尺度。只有在避免这些雷区的基础上，我们的幽默才能给生活带来欢乐。

10. 散发负能量的话语，别总是挂在嘴边

在日常生活中，充满正能量的语言是一种强大的工具，它可以帮助我们构建积极的人际关系，成为我们努力的动力。同样，散发负能量的话语则具有很强的副作用，可能成为摧毁我们的武器。

首先，我们经常把负能量的话语挂在嘴边，这会在不知不觉中影响我们工作和生活中的思维方式与行为模式。比如，“我真是倒霉，什么坏事都让我碰上了！”“这次考试太难了，我肯定考不好！”“这工作太麻烦了，根本没法做，我永远也做不好！”“现在的生活毫无意义，每天都在痛苦中度过。”等等。当我们不停地说出这些话语时，它就像心灵的酸雨，一点点侵蚀我们的意识，阻碍个人的成长与进步。

李娜已经在驾校学习了一段时间，但她总是对自己的驾驶技术不够自信。她经常对同学们说：“唉，太难了，下次路考我肯定考不过的。”虽然李娜提前进行了两次模拟路考，并且连续几天去熟悉路线，临考前一天又模拟了一次，但考试成绩出来后，李娜最终还是没有通过。

心理学家说，一旦你说了一句话，你就会朝着这句话的方向去推动事情，以此来证明自己是对的。李娜的本意可能只是谦虚，并不是真的认为自己考不过，但她每天的消极语言引导着她走向了失败。

其次，负能量的话语会对我们的心理健康产生极大的负面影响。长期被充满负能量的语言包围，我们会逐渐陷入一种自我否定和无助的情绪旋

涡中。每一次的抱怨都是对自己失败的强调，每一次的指责都是对自身能力的否定。无形中，我们就给自己设置了一个心理障碍，限制自身潜力的发挥。我们会因为害怕失败而不敢尝试新事物，因为自我否定而错过提升自己的机会。长此以往，我们将会失去对生活的热情和信心，认为自己无力改变现状，从而变得消极怠惰，不再愿意积极地去面对问题和挑战。

最后，经常散发负能量会破坏我们的人际关系。负能量具有传染性，当我们向他人散发负能量时，很容易引发对方的消极情绪，从而导致不必要的争吵和冲突，进一步恶化彼此之间的关系。而且，在生活中，没有人愿意总是倾听他人的抱怨和牢骚。当我们不断向朋友、家人和同事倾诉负面情绪时，他们起初可能会表示同情和理解，但随着时间的推移，必然会感到疲惫和厌倦，久而久之，他们就会选择远离我们。

因此，我们要警惕自己，少说带有负能量的话。那么，如何才能避免说负能量的话语呢?

（1）我们要时刻留意自己说出的话，当发现自己即将陷入消极的语言模式时，要及时制止自己。这种自我觉察能力需要我们培养敏锐的自我意识，能够主动觉察自己的情绪变化和语言倾向。

（2）在面对问题时，我们应尝试从不同的角度看待问题，寻找事物的积极面。面临困难和挫折时，应积极调整心态，把它们当作成长的机会，将其视为让自己变得更强大的磨砺。通过培养乐观的思维方式，我们能够从根本上减少负能量的产生。

（3）当我们遇到不顺心的事情时，不要急于抱怨和指责，而应试着用平和、理性的方式描述问题，并提出积极的解决方案。比如，将“这工作太难了，我做不了！”改为“我相信通过努力和学习，能够克服困难完成它！”。也就是说，在生活和工作中，我们要少说“我不行”，多说“我试试”。

（4）我们要多与那些充满正能量、乐观积极的人交流和相处。身边人的态度和语言往往会对我们产生潜移默化的影响，他们的正能量会感染我们，帮助我们逐渐摆脱负能量的困扰。

总之，散发负能量的话语就像天空中的乌云，不仅遮蔽了我们内心的阳光，也影响了我们与周围世界的关系。我们应该从现在开始，管住自己的嘴，用积极、阳光、充满希望的语言来装点我们的生活。只要我们用积极的心态去面对生活的挑战，一定能够创造出更加美好、充满活力的未来。

11. 牢记“说话留点余地”的智慧

在我们的日常生活中，说话是人们交流感情、思想的重要工具。同时，说话也是一门艺术，而“说话留点余地”更是一种充满智慧的处世哲学。说话留点余地，意味着我们在表达观点、发表意见或做出评价时，不把话说得太满、太绝对，要给自己和他人留下一定的空间和弹性，也就是我们常说的“回旋余地”。

生活中的事物往往存在复杂性和不确定性。如果我们在交流中固执地坚持自己的观点，完全否定他人的看法，很容易引发激烈的争论，导致矛盾的产生。

《孙子兵法》中有一句话叫“围师遗阙”，意思是包围敌人的时候，不要逼得太紧，一定要留个缺口，给敌人留一条生路，否则，对方必然会进行殊死搏斗。

在军事上，指挥官尚且会考虑给对方留一条生路，在生活中我们说话时更要留点余地，不能将对方逼入绝境，从而避免激烈的言语冲突。

说话留点余地，在职场中至关重要。比如，在团队合作中，我们需要与成员相互协作、交流意见。然而，在讨论工作方案时，如果有人言辞激烈、不留余地地批评他人的想法，势必会打击团队成员的积极性，破坏团队的和谐氛围。

从另一个角度出发，说话留点余地也是一种自我保护的策略。在很多情况下，我们对事物的了解和判断可能并不全面，如果过早地把话说得很绝对，不给自己留下回旋余地，很容易让我们陷入尴尬的境地。比如，我们轻易地对某件事情做出承诺，但后来却无法兑现，或者对未来的发展做出过于自信的预测，而最终却被现实“打脸”。

同时，说话留点余地还能展现出我们的谦逊、成熟、修养和素质。一个懂得在言语中留点余地的人，往往能够让人感受到他的宽容、大度和对他人的尊重。

萧何是汉高祖刘邦的重要手下。在辅佐刘邦与其他势力争夺天下时，萧何曾多次向刘邦进谏。他在表达自己的观点和建议时，往往采用较为含蓄、委婉的方式，给刘邦留有思考和决策的余地。即使在刘邦对某些决策犹豫不决时，萧何也不会强行坚持自己的意见，而是通过分析形势和利弊，引导刘邦做出明智的选择。

萧何深知自己的地位和角色，在进谏时始终保持谦逊和谨慎，并且留有余地，从不做出“越位”的行为。这种恰到好处的处世方式，让萧何赢得了刘邦的尊重和信赖。

在现实生活中，要真正做到说话留点余地有时并非易事。在培养这种习惯时，我们可以从以下几个方面入手：

（1）我们在与他人交流时，要养成认真倾听对方意见和想法的习惯，不要急于打断或反驳。只有充分了解对方的观点，我们才能做出更加客观、全面的回应。

（2）在说话时，我们需要克服内心的自负和冲动，学会换位思考，从他人的角度去理解和感受。要控制自己的情绪。当遇到与自己观点相悖的情况时，不要被情绪所左右，要保持冷静和理智，以平和的心态进行交流。

（3）我们需要不断提高自己的语言表达能力和沟通技巧，学会用恰当的方式和语气来传达自己的想法。在提出建议时，尽量以温和、包容的态度进行阐述。比如，“我觉得这个方案基本上已经很好了，但我还有一点担忧，如果我们再考虑一下某些方面，是不是就更加完善了呢？”这样的交流方式不仅能让他人更容易接受，还可以激发团队的凝聚力和创造力。另外，当我们与人就某个问题存在分歧时，可以说：“在我看来，这个方案可能是这样的，但也许你有更好的建议，我们可以进一步探讨。”这样的表达方式既表明了我们的立场，又尊重了对方的想法，为进一步的交流创造了条件。

（4）在生活中，我们要不断反思和总结自己的言行举止。在每次与他人交流之后，我们要回顾自己的表现，思考哪些地方可以改进，哪些地方做得比较好，从而不断提高自己说话留有余地的能力。

总之，说话留有余地是一种充满智慧的处世之道。它能够帮助我们在人际交往中更加和谐、融洽，在面对事物发展的不确定性时更加从容、灵活，在不断探索和成长的道路上更加谦虚、谨慎。让我们牢记这一智慧，用更加恰当、合理的语言与他人交流，共同营造良好的沟通环境和氛围。

12. 发挥“适时沉默”的力量

我们习惯于用言语来表达自己的想法和解决问题。但是，我们在生活中总会遇到一些场合，用言语无法表达我们内心的感受，多说无益。在这种情况下，沉默就成了一种独特的沟通方式。它虽然没有言辞，却能传递出深刻的内涵，成为一种不可忽视的力量。

沉默是一种智慧的体现，是自我反思的过程。当我们面对困境时，有时说得越多，越容易使自己陷入迷茫。这个时候，保持沉默，给自己一些时间和空间，有助于我们厘清思路，找到问题的关键。古人云：“三思而后行。”在言语上，亦是如此。沉默使我们能够学会倾听内心的声音，从而在喧嚣中保持清醒的头脑。

沉默能传递我们的关心和理解，有助于增进彼此的了解和信任。有时，我们认为自己了解对方，在某些问题上，往往会迫不及待地给予对方建议或批评。然而，过多的言语有时会适得其反，可能会让对方感到受伤，反而拉远了彼此的距离。在这种情况下，我们需要保持沉默，尊重对方的感受，留给对方一些时间和空间去思考和成长。

中学班主任张洁所带的班级中有一名学生叫李璐，性格倔强，不仅不按时完成作业，还经常与各科老师顶嘴，从不认错，几乎天天违反纪律。刚开学时，李璐的行为让张洁感到非常头疼。张洁对她进行了无数次说教，但收效甚微。

有一天，李璐又犯错了，张洁将她叫进办公室，但李璐还是那副满不在乎的样子，等待着批评。这次，张洁什么话也没说，就那样平静地看着她，也没有表现出生气的样子。随着时间一分一秒地过去，李璐慢慢有了变化，从刚开始的满不在乎到有点局促不安。又过了一会儿，李璐低下了头，偶尔抬头瞟一下张洁。张洁知道李璐在揣测她的内心，但张洁还是很平静地看着她的脸。李璐的头越发低了，也更加不安了。过了大概十几分钟，张洁的声音打破了沉默："你可以走了。"李璐抬起头，惊讶地望着张洁。"你可以走了。"张洁又重复了一遍。李璐默默地走了。

没想到，李璐回去后，连续几天表现都很好，张洁也不失时机地表扬了她。慢慢地，李璐也变了，成绩也一步步追上来了。

张洁老师后来改变策略，利用沉默的力量，使学生明白了老师的良苦用心。

沉默是一种强大的情绪控制工具。在某些场合，言语可能不足以表达我们内心的情感和态度。比如，当我们遭遇挑衅、误解或不公时，本能的反应可能是愤怒地反驳和辩解。然而，冲动的言语往往不能解决问题，只能使局面更加恶化。这时候，适时的沉默能帮助我们遏制住冲动的情绪，展现出内心的成熟和坚韧。正如我国古代诗人白居易所说，"此时无声胜有声"，沉默有时候比言语更具力量。再如，当我们缅怀逝去的亲人和朋友时，沉默能传递出我们对他们的怀念和感激。沉默作为一种强大的力量，可以让我们学会用无声的方式表达情感，从而更好地面对生活中的种种挑战。

沉默是一种策略性武器。在辩论或谈判中，通过适时的沉默，我们可以打乱对方的节奏，使其对我们的想法和立场捉摸不透，从而增加自身的优势。同时，沉默还能给对方施加一定的心理压力，迫使其主动打破沉默，从而暴露出更多的信息或弱点。这种以静制动的策略需要我们拥有敏锐的洞察力和对时机的精准把握，一旦运用得当，便能帮助我们在竞争中取得意想不到的效果。

虽然沉默是金，但我们需要明确的是，不能因为逃避交流而选择沉默，更不能在某些事情上永远保持沉默。沉默应该是一种合理的选择，是我们有意识的行为，是为了更好地表达、更有效地沟通和更积极地解决问题。但是，过度的沉默可能会导致信息不畅、误解加深，甚至失去宝贵的机会。

在现实生活中，学会适时发挥沉默的力量并非易事。这需要我们克服急于表现的欲望，培养耐心和自律的品质。我们要不断地自我反思和积累经验，学会在不同的情境中敏锐地感知何时应该保持沉默，以及如何把握沉默的时长。

第二章

做事的分寸：进退得当，恰到好处

13. 谋定而后动：未雨绸缪、计划先行

在生活中，我们的成功绝非仅仅依赖于机遇和运气，更取决于是否能够做到谋定而后动。只有未雨绸缪、计划先行，凡事提前一步，才能掌握先机，更快地取得成功。

未雨绸缪，强调的是我们在行动之前要进行深入的思考和精心的谋划，以冷静、理性的态度分析所处的形势，权衡利弊，制定出周全的策略，不能盲目冲动，被眼前的利益或情绪所左右。这就如同下棋一般，在落子之前，我们要在心中推演无数种可能的局面，甚至还要思考这一步棋的后续影响。只有经过这样的深思熟虑，我们才能做到运筹帷幄、有的放矢。

历史上，许多著名的战役都充分体现了未雨绸缪、计划先行的重要性。

李牧是战国时期赵国名将，也是中国历史上第一个大破匈奴的人，他对匈奴的情况可谓了如指掌，匈奴的每一次入侵都能被他毫不费力地化解。

李牧每次被派往赵国北部边境抵御匈奴时，他都不会急于组织大规模的队伍与匈奴正面对抗，而是先加强军事设施建设，修缮烽火台，多派侦察人员密切关注匈奴动向，制订详细的计划。同时，他还积极训练士兵，提高军队战斗力。采取“坚壁清野”的策略，匈奴来袭时，迅速将百姓和

牲畜收入堡垒中，避免损失。这样持续了好几年，使得匈奴以为李牧胆小不敢进攻，也放松了对他的警惕。

李牧经过几年的精心准备和筹划，储备了大量物资，为长期作战做好了准备。等到他认为时机成熟时，便精心设下计谋，引诱匈奴大军深入，然后以奇兵出击，大败匈奴，使匈奴在之后的很长一段时间里不敢接近赵国边境。

李牧的做法充分体现了未雨绸缪、计划先行在战争中的重要性，通过充分的准备和周密的计划，最终取得了重大胜利。未雨绸缪是一种具有前瞻性的思维方式。在生活中，这种思维同样具有重要的意义。比如，在职业发展中，我们应该提前预测行业的发展趋势，不断提升自己的技能和知识，以适应未来可能的变化。能够未雨绸缪的人，往往在行业变革来临时，能及时抓住新的机遇，取得更大的成功。

计划先行是实现目标的重要保障。明确、合理的计划包含行动步骤和时间表，能够让我们清晰地看到进展情况，及时调整策略，确保始终朝着正确的目标前进。比如，我们要想在考试中取得优异的成绩，就需要制订一个详细的学习计划。这个计划应包括每天的学习时间、知识的复习进度等。有了计划，我们就能有条不紊地进行学习，提高学习效率，最终实现自己的目标。

然而，要做到未雨绸缪、计划先行并非易事。这需要我们具备敏锐的洞察力，能够准确判断形势和趋势；同时，还要拥有丰富的知识和经验，以及坚定的意志和执行力。为实现未雨绸缪、计划先行，我们可以考虑以下几个方面：

（1）我们首先要清楚地知道自己想要达成的目标是什么，无论是长期的目标还是短期的具体任务目标。

（2）我们要对相关情况进行全面、深入的了解，包括下一步行动的内部条件、外部环境、可能出现的风险和机遇等。

（3）我们要对收集到的信息进行分析评估，预判各种可能性和潜在的影响，并针对可能出现的问题和挑战制定应对之策。

（4）我们要根据分析评估的结果，制订详细、具体、可操作的计划。将大目标分解为小目标，确定每个阶段的任务、时间节点和责任人。同时，要充分考虑计划中的不确定性，预留一定的调整空间，以应对突发情况的发生。

（5）在计划执行期间，我们需要定期检查进度，总结经验教训，及时发现偏差并进行调整。

总之，谋定而后动，未雨绸缪、计划先行是一种宝贵的思维和行动方式。它能够让我们在面对生活中的各种机遇和挑战时，更加从容自信，更加高效有序。无论是个人的梦想追求，还是集体的共同目标，都需要我们以这种智慧为引领，精心谋划，积极准备，稳步前行，从而走向成功的彼岸。

14. 量力而行：设定可实现的目标

我们的人生就像航海，没有目标的航行，永远也无法到达彼岸。然而，目标的设定并非随意而为，需要我们深思熟虑，确保其具有可实现性。

无论是学习还是工作，都是有规律可循的。我们既要主动进取、尽力而为，又要尊重客观事实、量力而行。我们不能蛮干，要清楚自己的能力，不能好高骛远，做超出自己能力范围的事情，否则就会使自己寸步难行，最终徒劳无功。因此，我们在制定目标时，应该从实际出发，实事求是，设定可实现的目标。

可实现的目标可以为我们指明方向，并给予我们前行的动力和勇气，使我们在面对困难和挫折时，能够坚定信念，勇往直前。

春秋时期，越国被吴国打败，越王勾践被迫向吴王夫差求和，舍身入吴。勾践在吴国忍辱负重，回国后，他没有立即设定“迅速打败吴国，一雪前耻”这种不切实际的目标，而是根据越国当时弱小的国力，制定了“十年生聚，十年教训”的策略。勾践重用范蠡、文种、计然等人，卧薪尝胆，发展生产、增加人口、训练军队，逐步积累实力。同时，他与齐、晋、楚三国交好，使越国国力渐渐恢复。最终，越国强大起来，勾践成功复仇，灭掉了吴国。

越国最终能够灭掉吴国的根本原因在于越王勾践能够从实际出发，实事求是，分阶段制定可实现的目标。那么，什么样的目标才是可实现的目标呢？是不是越容易实现越好？

首先，目标应当具体而明确。比如，“我要在今年通过注册会计师全国统一考试”或“我要在三个月内减重五公斤”。这样具体明确的目标能够让我们清楚地知道需要采取哪些行动以及达到何种程度。相反，诸如“我要成功”或“我要变得更优秀”这样的模糊目标，使我们难以找到实现目标的切入点。

其次，目标的实现还需要与我们自身的能力和条件相匹配。如果目标过高，远远超出了我们的能力范围，会让人感到沮丧和失落，甚至可能因为无法实现而失去信心，放弃后续的努力。比如，一个没有任何书法基础的人，把目标设定为“一年内成为书法家”，这显然是不切实际的。但如果把目标设定为“一年内掌握基本的书法技巧，能够独立完成简单的书法作品”，则有可能实现，并有信心在此基础上进一步发展。

最后，目标的实现不能过于容易，而应具有一定的挑战性。只有具有挑战性的目标，才能促使我们不断学习、成长和进步。在实现目标的过程中，我们的能力和素质才能不断提升。

那么，如何才能做到量力而行，设定可实现的目标呢？

（1）我们需要对自己掌握的知识技能、工作经验、自身性格特点，以及所拥有的资源进行全面的分析。比如，如果我们想在某个领域创业，就需要评估自己在该领域的专业知识、市场洞察力、资金储备、人脉关系等方面的情况。

（2）在制定目标时，我们要充分考虑外部环境和条件。社会的发展趋势、市场的需求、行业的竞争状况等都会对目标的实现产生影响。

（3）我们可以将难以在短时间内实现的长期目标分解为多个小目标。宏伟的长期目标往往会让人感到遥不可及，从而产生畏惧情绪。如果我们将其分解为一系列短期、具体、可衡量的小目标，可以使我们更清楚地看到实现目标的路径，并有信心去实现它。

（4）随着我们自身能力的提升和外部环境的变化，我们的目标也需要适时地进行调整和完善。这里的调整并不意味着我们随意更改目标，而是在坚持大方向不变的前提下，对具体的步骤和指标进行优化。

总之，量力而行，设定可实现的目标，是一种理性而务实的生活态度。它让我们不会因目标过高而陷入绝望，也不会因目标过低而浪费潜力。让我们以对自己的深刻了解为基础，设定那些能够激发我们潜力的可实现目标，引领我们不断前进。

15. 停止好高骛远，从近处和低处做起

在当今的环境下，很多人都无法静下心来完成自己的理想。往往有一些人会把自己的理想设得很高，但做的却很少。他们会把未来想象得很高端，但又缺乏实战和分析的能力，不愿意去实施，最终也只能失败。这种人的心态就是我们常说的“好高骛远”。

好高骛远是一种浮躁的心态，它让我们迷失在不切实际的幻想中，忽略了眼前的机遇和挑战。好高骛远的人往往不会考虑自身的实际情况，不从近处和低处做起，最终一事无成。

从近处做起，意味着我们要关注当下的细节，认真对待手头的每一项任务。无论是一项简单的工作，还是一个看似微不足道的学习机会，都可能成为我们积累经验、提升能力的基石。比如，一个刚刚踏入销售职场的大学生，如果能够用心做好每一个客户的回访、每一次会议的记录，他就会逐渐熟悉销售工作流程，掌握销售技巧，为未来承担更重要的销售任务打下坚实的基础。近处的事情虽然看似平凡，但正是这些平凡的积累，铸就了未来的不平凡。

从低处做起，需要我们放下架子，保持谦逊的态度，对任何事情不因其细小而忽视。低处并不意味着卑微，而是一个起点，一个让我们积累能量、磨炼意志的起点。许多成功人士都有过从低处做起的经历。

《后汉书》中记载，名臣陈蕃十五岁时，就志向远大，要以天下为己

任。但是，陈蕃天天埋头读书，对自己的房间凌乱不堪视若无睹，很少打理。一天，他父亲的朋友薛勤看到他的房间如此杂乱，就问他为何不收拾。陈蕃答道："大丈夫处世，当扫除天下，安事一室乎？"薛勤当即反驳："一屋不扫，何以扫天下？"意思是治理国家、管理天下需要做好一件件具体的事情，连打扫房间这样的小事都不愿干，以后更重要的事可能也干不了。陈蕃幡然醒悟，此后更加严格要求自己，最终成就了一番事业。

陈蕃的故事告诉我们，凡事要从身边小事做起，从低处做起，不能好高骛远。

当今社会，快节奏的生活和激烈的竞争让我们变得越来越浮躁。很多人都渴望一夜成名、一夜暴富，不愿意付出长期的努力，好高骛远的现象屡见不鲜。然而，真正的成功从来都不是偶然的，它需要我们静下心来，踏踏实实地走好每一步。

如何才能做到停止好高骛远呢？

首先，我们要有清晰的自我认知。了解自己的兴趣、特长和能力水平，制定切实可行的目标。制定的目标既要有一定的挑战性，能激发我们的潜力，又要在我们的能力范围之内，让我们有实现的可能。其次，我们要培养自身的耐心和毅力。成功的道路上充满了挫折和困难，只有持之以恒地努力，始终保持坚定的信念，才能克服重重难关，实现目标。

千里之行，始于足下。我们只要停止好高骛远的幻想，脚踏实地，从近处和低处做起，一定能够实现自己的梦想，收获属于自己的辉煌人生。

16. 权衡利弊，把握好决策的分寸

在生活中，我们时常会面临各种选择和决策。无论是公司战略这样的大事还是日常生活中的小事，无论是重大决策还是微小选择，都需要我们权衡利弊，掌握好决策的分寸，这样才能走向更美好的未来。

权衡利弊，把握好决策的分寸，是一种理性思考的过程。它要求我们在面对决策时，不仅要看到眼前的利益，还要考虑到长远的影响；不仅要关注事物的优点，也要清醒地认识其潜在的风险和弊端。比如，我们在选择一份工作时，不能仅仅被高薪所吸引，还需要考虑工作的强度、职业发展空间，以及是否影响到生活质量和个人的身心健康。同样，在选择创业项目时，也不能只看可能的高回报，而忽略市场的风险和不确定性。只有全面权衡利弊，才能做出更明智的决策。

把握好决策的分寸是一种智慧和艺术。这意味着我们在权衡利弊的过程中，要找到一个恰到好处的平衡点，既不冒险激进，也不保守退缩。

在刘邦创业的过程中，张良几乎参与了所有重大战略的制定，立下了汗马功劳。天下初定后，张良开始闭门不出，从“帝者师”逐渐退居“帝者宾”的地位，遵循可有可无、时进时止的处世原则。在汉初刘邦消灭异姓王的残酷斗争中，张良也极少参与谋划；在皇室的明争暗斗中，也恪守

“疏不间亲”的原则。论功行赏时，张良主动辞让刘邦给予的齐国三万户食邑，选择了与刘邦初次相遇的留地，自请隐退。从此，摒弃人间万事，专心静养。张良精准地把握了决策的分寸，既没有失去已得的利益，也没有遭遇韩信等人的命运。

张良在面对复杂局势和利益关系时，能够准确判断形势，把握决策的分寸，做出明智的选择，从而达到自己的目的或避免不必要的风险。这种决策智慧和分寸把握为后人提供了宝贵的借鉴。

历史上有许多因为权衡利弊不当、决策失误而导致失败的例子。“马谡失街亭”就是一个典型的案例。

三国时期的马谡在守卫街亭时，盲目自大，不听从诸葛亮的安排，舍弃城池而选择在山上扎营，自以为占据有利地势，能够居高临下。然而，他没有充分考虑到水源被切断的风险，以及敌军的实力和战术。最终，街亭失守，马谡也因为自己的错误决策丢掉了性命。

相反，诸葛亮在做出北伐决策时，经过深思熟虑，深入分析了蜀、魏两国的实力、政治局势、地理环境等因素，并权衡了利弊。虽然北伐最终没有成功，但他的决策过程体现了权衡利弊和把握分寸的重要性。

要做到权衡利弊、把握好决策的分寸，需要我们做到以下三点：

（1）我们要进行充分的调研和学习，收集尽可能多的信息。只有具备丰富的知识和信息，深入了解相关情况并预测可能出现的后果，才能进行有效的分析和判断，做出理智的决策。

（2）我们在进行决策时，不应局限于一两种解决方案，而应开拓思维，想出多个可行的选择。对每个可能的决策选项都要进行风险评估，预测可能出现的不利后果及其可能性。

（3）我们在决策过程中，要保持冷静和客观的态度，避免受到情感、偏见和他人意见的影响。同时，我们还要不断培养自己的判断力和洞察力，学会排除干扰因素，以理性的思维来分析问题。

总之，把握决策的分寸需要综合考虑各种因素，平衡各方利益，以便做出既合理又适当的决策。

17. 在“行动迅速”与“步骤稳健”中找到平衡

在当今竞争激烈、瞬息万变的社会环境下，无论是个人发展还是企业运营，都面临着如何在“行动迅速”与“步骤稳健”中找到平衡的挑战。

行动迅速能够帮助我们抓住稍纵即逝的机会，抢占先机。而步骤稳健则能确保我们的行动具有可持续性，降低风险。如何在这两者之间找到平衡，获得最佳效果，是值得我们深入探讨的重要课题。

行动迅速具有显著的优势。那些能够迅速做出决策并付诸行动的个人或企业，常常能够在竞争中脱颖而出。比如，在自媒体直播刚兴起时，一些主播迅速入场，通过不断学习和实践，积累了大量粉丝和财富。同样，某些短视频平台在短视频市场刚刚兴起时，迅速推出并不断优化其中的内容，通过算法推荐，精准满足用户需求，快速占领了市场。

但是，在个人和企业发展中，单纯追求行动迅速可能会带来一系列问题。如果没有充分的规划和准备，仓促行动可能导致决策失误和资源浪费。比如，在个人生活中，冲动辞职创业可能面临巨大的风险和压力，甚至陷入困境。再如，共享单车行业曾一度发展迅猛，众多企业蜂拥而上，迅速进入市场，大量投放单车。但由于缺乏对市场需求和运营管理的充分考虑，许多企业最终因资金链断裂而倒闭。

由此可见，在做出行动时步骤稳健的重要性同样不可忽视。

步骤稳健意味着在行动之前要进行充分的思考、规划和准备。通过详细的市场调研、风险评估和方案制定，可以提高决策的准确性和可行性，降低失败的风险。

可是，在快速变化的环境中，机会往往转瞬即逝，如果过度强调稳健也可能导致机会的丧失。比如，某手机品牌在智能手机发展的初期，由于过于坚守传统的塞班系统，行动迟缓，未能及时跟上安卓和iOS系统的发展潮流，最终在手机市场的竞争中逐渐衰落。在个人发展中，如果我们过于追求稳妥，也可能会错过一些成长的机遇。

那么，我们如何在“行动迅速”与“步骤稳健”中找到平衡呢?

（1）我们要培养自己敏锐的洞察力和判断力，能够准确识别机会和风险，这是做出恰当决策的前提。

（2）无论在个人发展还是企业组织中，我们都需要制定明确的决策流程和标准，以确保在面临决策时能够迅速收集信息、进行分析和讨论。比如，某个企业在发展过程中，对于新的业务拓展和投资项目，采用了一套严谨的评估和决策流程，既快速响应了市场变化，又保证了决策的合理性。由此可见，建立有效的决策机制至关重要。

（3）我们在行动迅速时，要确保投入的资源在可承受的范围内，避免因过度投入而导致不可挽回的损失。同时，要为稳健的步骤预留足够的资源，如时间、资金和人力，以进行充分的准备和风险应对。比如，某车企在推进电动汽车的研发和生产时，在逐步加大投入的同时，只始终保持着对成本和技术风险的有效控制。这就是在“行动迅速”与“步骤稳健”中找到平衡的例证。

（4）我们不仅要在行动之前进行充分的规划，还要在执行过程中保持灵活性和适应性，根据新的信息和情况及时调整策略和步骤。既不过于固执地坚持原计划，也不盲目地随意更改。对于个人而言，在职业发展中，我们可以在积累一定经验和技能的基础上勇敢尝试新的机会，同时要做好风险防范和应对措施。对于企业组织来说，在创新和拓展业务时，可以采用“小步快跑”的方式，不断试错和优化，这样既能保持创新的活力，又能确保企业的稳定发展。

总之，“行动迅速”与“步骤稳健”并非相互对立，而是相辅相成的关系。在实际生活和工作中，我们需要根据具体情况，灵活运用这两种策略，找到最佳的平衡点。只有这样，我们才能在充满机遇和挑战的环境中，既不贻误良机，又能稳步前行，实现个人和组织的可持续发展。

18. 讲原则与懂变通：灵活调整，适应变化

在我们的日常生活中，守规矩、讲原则是每个人都应遵循的基本社会道德。然而，在某些情况下，我们在坚守原则的前提下也要懂得变通。这也是很多取得成功的人灵活应对各种情况所坚持的一种处世方式。

讲原则是一种坚定不移的信念，是道德和伦理的基石，它代表着正义、公平、诚实和善良。一个坚守原则的人，无论面对何种诱惑和压力，都能保持清醒的头脑，做出符合道德和良心的选择。比如，医生的原则是救死扶伤，无论在什么情况下，都全力以赴地对病患给予治疗；教师的原则是教书育人，在教学中关注每一个学生的成长，既不偏袒，也不歧视。

现实生活中，我们会面对各种各样的情况，而原则无法细化到每一种情况，不会灵活变通可能会导致问题无法解决，甚至带来更多的麻烦。这时候，变通就显得尤为重要了。变通并非放弃原则，而是在坚持原则的前提下，根据具体情况调整方法和策略，以达到更好的结果。

一家制造企业一直遵循严格的质量控制原则，严密管理生产，生产过程的每一个环节都有明确的标准和流程。然而，有一次在生产一批紧急订单时，遇到了原材料供应短缺的问题。按照这家企业的经营原则，原材料都需要从长期合作的供应商那里采购，以确保其质量和规格。但这次由于供应商的原材料短缺，无法在短时间内提供这批原材料。此时，企业面临两难抉择。如果坚持原则，等待原供应商的材料，这批紧急订单将无法按

时交给客户，会给企业和客户带来巨大的经济损失。企业的决策者经过综合考量，决定变通。他们在市场上寻找了一家能在短时间内提供原材料的新供应商，并对新供应商的材料进行了严格的质量检测，确保其质量符合客户的要求。同时，企业也将实际情况与客户进行了充分的沟通。接下来，企业生产部门针对这批原材料的特性调整了部分生产流程，将产品按时生产完成。这批紧急订单按时交付时，产品没有出现任何质量问题，客户也非常满意。

这家企业在经营过程中，既坚守了原则，又通过变通解决了实际问题，既维护了企业的信誉，又避免了重大的经济损失。

但是，我们需要注意的是，变通也需要有一定的限度，不能成为随意违背原则的借口。尤其在工作中，如果为了个人利益而突破道德和法律的底线随意变通，那么这种变通就成了投机取巧、不择手段，最终会给自己和他人带来伤害。

我们如何在坚持原则的基础上做到灵活变通呢?

首先，我们需要有清晰的价值观和是非观，明确哪些原则是不能进行变通的。其次，我们要培养敏锐的洞察力和判断力，能够准确分析形势，判断何时需要变通，以及如何变通。最后，我们还需具备勇于创新和尝试的精神，不断探索新的方法和途径，以应对各种新问题和新挑战。

总之，讲原则与懂变通并不是完全独立的两个对立面，而是相互联系、相互影响的。一个成功的人往往能够巧妙地在讲原则与懂变通之间找到平衡点。在遵守社会规则、尊重传统的同时，还能够灵活应对各种突发情况，展现出卓越的应变能力。

19. 学会及时止损，该放弃时果断放弃

人生中，有很多事情，我们越是不愿放下，越是执着于心，越是伤人至深。许多时候，伤人于无形的是人心中不该有的那个执念。因此，当事情的发展出现不好的苗头时，我们就要懂得及时止损。虽然及时止损会带来短暂的痛苦，但可以避免事情发展至不可挽回的地步，避免带来追悔莫及的后果。

及时止损意味着某个决策或行动已经不再具有积极效果，甚至可能带来更大的危害。这时，我们应该勇敢地停止投入，以避免进一步的损失。及时止损并非懦弱的表现，相反，它是一种自我保护和对现实的清醒认知。

在感情方面，我们要懂得及时止损。比如，一对恋人在相处过程中，发现彼此性格不合，价值观差异较大，在日常生活中经常发生争吵，双方都感到非常痛苦。这时，如果他们果断放弃，虽然会经历短暂的痛苦和失落，但却能够为自己开启新的感情篇章，找到真正的幸福。如果继续勉强维持这段感情，带给彼此的只能是更多的痛苦，还可能浪费更多的时间和精力。

在投资方面，我们要懂得及时止损。投资特别考验人性，越是急于赚钱，越容易选择失误，导致较大亏损。比如，你认为某个项目很赚钱，就投资了这个项目。同时，你看到身边人都发财了，于是你加大了对这个项

目的投资。投资一段时间后，你发现不仅没赚钱，反而亏损了。这时候，你就要及时止损，不得有任何延误，不要心存侥幸。如果你一直与市场趋势对抗，死扛着，就会陷入泥潭，资金被套牢。这也是经济学里的“鳄鱼效应”，如果你被鳄鱼咬住了脚，挣扎是没有用的，唯一自救的办法就是牺牲掉这只脚！从这种意义上说，止损就等于再生。

在人生选择方面，我们要懂得及时止损。我们常说“一步错，步步错，满盘皆输”。第一步走错了，第二步也会跟着走错，如此下去，整盘棋就输了。如果我们懂得及时止损，及时调整方向和策略，放弃之前走过的路和付出的精力，选择其他的道路，下一步就有可能翻盘。止损不是认命，而是退一步，进两步。

小李在大学选择了一个自己并不感兴趣的专业。经过一段时间的学习，他发现自己对课程内容毫无热情，成绩也不理想。如果他继续坚持下去，只为了拿到学位而痛苦地学习，不仅会影响学习效果和未来的职业发展，还可能会导致心理压力过大。于是，小李在征求老师的建议后，及时止损，转入自己喜欢的计算机专业。虽然因此延迟了一年毕业，但他在计算机领域发掘出了更大的潜力，后来还考上了计算机专业的硕士研究生。

虽然小李最初的选择并不适合他，幸运的是他没有硬着头皮坚持，而是及时调整了方向，终于迎来了海阔天空。

在应对坏情绪方面，我们要懂得及时止损。现代社会，由于生活压力大，我们的情绪经常会有较大的波动，动不动就暴怒，动不动就悲观，动不动就愤世嫉俗。然而，我们应该认识到，放纵自己的坏情绪，让自己失去理智，是一种不理智的行为。当我们的坏情绪不断增加时，就会做出冲动的行为，从而导致更多的损失。因此，越是生气，越是情绪不佳时，我们越要及时止损，避免情绪的扩大化。我们应该清楚，坏情绪最终伤害的只能是我们自己。

在追求目标方面，我们要懂得及时止损。上学时，人人都想要考上心仪的大学，但人的能力不一样，总有人考不上，难道他要一蹶不振吗？没必要一蹶不振，未来的路还很长。在人的一生中，处处都有不如意的事。如果我们只盯着不如意的事而垂头丧气，那最终吃亏的就是我们自己。我们努力了，还是得不到，那就选择放弃，不要再为难自己。拿得起，是一种本事，而放得下，更是一种智慧。

那么，我们如何才能学会及时止损，果断放弃呢？

（1）我们在面对不利情况时，不要被情绪左右，要冷静分析现状，评估继续下去的风险和收益，或者寻求他人的意见和建议，从不同的角度看待问题，以便做出是否及时止损的决策。

（2）我们要明白，过去的投入已经无法改变，重要的是未来的发展。不要因为舍不得已经付出的成本而继续投入更多，应根据当前的情况和未来的前景来决定行动方向。

（3）我们在做出及时止损的决定后，要迅速采取行动，避免犹豫不决，以免错过最佳的止损时机。

（4）我们要有勇气接受失败和不确定性，勇敢地面对挫折，相信自己有能力在新的机遇中重新崛起。

所以，我们要懂得把握分寸，根据实际情况在关键时刻选择放弃，及时止损，重整旗鼓，才能成就更精彩的人生。

20. 时间规划：注重合理性与灵活性

在快节奏的现代生活中，我们每个人都在为不同的事情而奔波，常常会感叹时间不够用。有效的时间规划不仅能够提高我们的工作效率，还能让我们在繁忙的生活中保持身心健康，实现个人目标。因此，我们要根据自身的需求、能力和环境，制定一份既合理又灵活的时间规划。

所谓时间规划的合理性，是指我们要根据自己的目标、任务的重要性和紧急程度，以及个人的生物钟和精力状况，合理分配时间。

时间灵活性主要体现在能够根据实际情况及时调整计划。当我们发现原计划无法顺利执行时，不要固执地坚持，而是要冷静分析原因，及时合理地调整计划。比如，如果某个任务比预期花费了更多时间，我们可以重新评估后续任务的安排，调整优先级或者延长工作时间。同时，也要学会在必要时放下一些不太重要的任务，以确保重要任务的完成。

那么，在实际操作中，我们怎样才能做到时间规划的合理，又具有一定的灵活性呢？

（1）我们要养成提前规划的习惯，提前做好下一步工作的时间安排。比如，我们一天的高效工作是从前一晚的规划开始的。每天睡前，我们花十分钟，规划第二天的重点任务和日程安排。这不仅可以帮助我们明确第二天的目标，还能减少第二天的迷茫感。同时，我们还可以制作一个清单，将任务按优先级进行分类，确保精力集中在最重要的事情上。

（2）在日常工作中，我们要学会说“不”。学会说“不”是一项重要的时间管理技能。如果我们发现自己被太多的任务和活动占据了时间，那么我们就要主动拒绝一些不太重要的事情。这样可以帮助我们更好地控制自己的时间和精力，从而更好地完成接下来的任务。

（3）我们要利用时间分段法，将一天划分成不同的时间段，每个时间段专注于一个高度具体的任务或活动。时间分段法是非常有效的时间管理技巧。比如，“番茄工作法”就是专注工作25分钟，然后休息5分钟，这种短暂的专注和休息循环能够帮助我们保持精力充沛，提高工作效率，同时避免长时间工作带来的疲惫。

（4）我们可以利用现代技术工具来帮助我们管理时间。比如，日历应用程序可以帮助我们跟踪重要的会议和活动，待办事项应用程序则可以帮助我们记录和监控日常任务。在使用工具管理时间时，可以将大的目标分解成小的阶段性目标，并为每个阶段性目标设定合理的时间节点，以便于跟踪进度和保持动力。在安排时间时，我们切记不要将时间排得满满当当，留出一些缓冲时间用来处理意外事件，以减少因延误而带来的压力。

（5）在处理任务时，我们要保持专注，尽量减少可能的干扰因素。比如，关闭不必要的社交媒体通知，告知同事和家人你的工作时间，避免他人打扰，创造一个有利于专注的环境。

（6）在每天任务结束时，我们要定期自我审视，回顾日程和完成的任务。通过回顾，评估哪些方法有效、哪些不够好，以及哪些时间可能被浪费了，从而不断调整和优化时间管理策略。

（7）针对零散的任务，如回复电子邮件、整理文件等，我们可以集中在一段时间内批量完成。尽量减少在一天中多次切换任务所浪费的时间。

（8）我们要不断强化执行力，尽量避免拖延。将大任务分解成小步骤，设定明确的短期目标，并为完成它们设定奖励，这些做法可以帮助我们克服拖延。

（9）我们在做时间规划时，要充分尊重自己的节奏。每个人都有自己效率最高的时段。有些人早晨精神饱满，而有些人晚上更能集中精力。找出你的高效时段，并将最重要的任务安排在这段时间内。

总之，合理而灵活的时间规划是一种能够帮助我们更好地掌控生活、提高效率、实现目标的重要技能。它需要我们不断地实践、总结和调整，以适应生活中的各种变化。

21. 与人合作：掌握好“舍”与“得”的尺度

在人生的舞台上，我们时常需要与他人携手合作，以实现共同的目标并追求更大的成就。然而，合作并非总是一帆风顺，其中蕴含着复杂的人际关系和利益纠葛。在这个过程中，能否掌握好“舍”与“得”的尺度，往往决定了合作的成败与效果。

“舍”与“得”是一种古老而深邃的哲学观念。在合作中，“舍”意味着放弃个人的某些利益、权利或资源，以维护团队的整体利益；“得”则是通过合作所获取的成长和收获。这两者之间并非简单的对立，而是相互依存、相互转化的关系。

首先，我们在与他人合作时，要先考虑对方的利益，舍得让利，使对方受益，最终才会为自己带来更大利益。

犀牛和犀牛鸟是一对很好的搭档。犀牛体型巨大，皮糙肉厚，但皮肤皱褶之间的缝隙非常细小，常常被一些寄生虫困扰。然而，犀牛鸟利用尖尖的嘴巴，可以很好地剔除这些寄生虫，同时自己还获得了食物。因此，犀牛和犀牛鸟成了一对形影不离的伙伴。

在互惠互利中能体现出自身的价值。当犀牛鸟付出自己的劳动时，获得食物的机会也就出现了。犀牛和犀牛鸟通过合作，各取所需，互帮互助，实现双赢。

人与人之间的合作也是如此。当我们投入大量心血和努力，牺牲个人休息时间，加班加点地工作，甚至放下自己的喜好和习惯，去适应团队的节奏和需求，这种全身心的投入和付出并非毫无回报。不仅能够提升我们自身的能力，还能赢得合作伙伴的信任和尊重，为合作的顺利推进创造良好条件。

在合作中我们舍弃个人的执着，并不是怯懦的表现，而是一种智慧。我们深知每个人都有自己的观点和想法，但在合作中，过于坚持己见可能会引发冲突和矛盾。学会倾听他人的意见，尊重不同的观点，甚至在必要时放弃自己原本的想法，往往能够促使团队找到更优的解决方案。这种舍弃不是软弱，而是一种包容和大度。

廉颇是战国后期赵国的名将，为赵国立下了赫赫战功。蔺相如因完璧归赵等事受到赵王重用。廉颇对蔺相如地位高于自己感到不满，蔺相如则尽量回避廉颇。后来廉颇了解到蔺相如的良苦用心，认识到自己的狭隘，于是负荆请罪。此后，两人成为刎颈之交，共同为赵国效力。他们的合作使得赵国在一定时期内保持了相对的稳定和强大。

这个事例表明，在合作中，适当舍弃个人的利益、偏见或私怨，往往能够换来更有价值的收获。

我们在合作中也要懂得舍弃个人的虚荣心和所谓的面子。没有人是无所不能的，承认自己的不足和错误并不可耻。当我们在合作中犯了错误时，不要为了维护所谓的面子而拒绝承认，而是要勇敢地承担责任，并积极寻求改进的方法。这种坦诚和自我反思的态度，不仅不会让我们失去尊严，反而会让合作伙伴对我们更加敬重和信任。

然而，舍弃并不意味着我们无底线的牺牲。在合作中，我们也要坚守自己的原则和底线。如果合作的要求违背了道德、法律或者个人的价值观，那么即使可能会带来巨大的利益，我们也应当坚决拒绝。这种情况下的舍弃，是为了保护更为深远的“得”。

同时，我们在把握“舍”的尺度的同时，也要敏锐地捕捉“得”的机会。合作所带来的收获不仅仅是物质上的利益，还包括知识的增长、经验的积累、人际关系的拓展及个人价值的实现。这些都是无法用金钱衡量的宝贵财富，将伴随我们一生。

总之，与人合作是一门艺术，而掌握好“舍”与“得”的尺度是这门艺术的核心。只有在不断实践和反思中，我们才能逐渐领悟其中的真谛，做到在“舍”与“得”之间游刃有余。通过合理的舍弃和明智的获取，可以构建起稳固、高效、和谐的合作关系。

22. 明确责任边界，不要替别人承担责任

在生活和工作中，明确责任边界是一项至关重要的技能。这不仅有助于提高效率、避免冲突，更对个人和团队的健康发展起着不可或缺的作用。然而，现实中人们常常陷入替别人承担责任的误区，给自己带来不必要的压力和困扰。

责任是每个人在社会中扮演不同角色时所应承担的义务和任务。明确的责任边界能够为我们的行为提供清晰的方向指引，让我们知道自己应该做什么、不应该做什么。当我们都清楚自己的责任范围时，工作分工会更加顺畅，决策会更加迅速，目标也更容易实现。

在一个团队中，如果责任边界模糊不清，就很容易出现“扯皮”的现象。比如，在一个项目中，对于某个环节的问题，如果大家都不清楚到底是谁的责任，就可能会互相推诿，导致问题无法得到及时解决，项目进度受阻。相反，如果在项目开始时就明确了每个成员的责任，那么一旦出现问题，就能迅速找到负责人，采取有效的解决措施。

个人生活中，责任边界的明确同样重要。比如，在朋友关系中，借钱时应该明确还款的责任和期限，避免因债务问题影响友谊。在恋爱关系中，双方也应该清楚自己在感情维护、未来规划等方面的责任，而不是把所有问题都推给对方。

不替别人承担责任并不是冷漠或自私的表现，而是一种理性和明智的

选择。每个人都应该为自己的行为和决策负责，这是成长和进步的基础。当我们替别人承担责任时，可能会暂时解决问题，但从长远来看，却剥夺了对方从错误中学习和成长的机会。

那么，我们在实际生活中，应该怎样去明确责任边界，避免替别人承担责任呢?

（1）我们要对自己的能力和职责有清晰的认识，了解自己的优势和劣势，知道自己能够承担什么样的责任，并明确自己在多大程度上对结果负责。

（2）我们要学会拒绝超出自己能力范围或职责之外的事情。这并不是拒绝合作或帮助他人，而是为了确保自己能够完成本职工作，也是在为对方考虑。超出自己能力的事情，自己完成不了，一旦答应对方，结果就是耽误对方和浪费自己的时间。

（3）我们要善于运用法律和道德来明确责任边界。在法律框架内，我们的行为应受到规范和约束，明确哪些是我们必须承担的法律责任，哪些不是。在道德层面上，我们也应遵循一定的准则，不做违背良心和道德的事情，同时也不应为他人的不道德行为买单。

（4）如果是团队的领导者或管理者，我们更应该注重明确团队成员之间的责任边界。要制定清晰的工作流程和职责分工，确保每个人都知道自己的工作目标和责任。同时，建立有效的监督和评估机制，及时发现和解决责任不清的问题。

总之，明确责任边界，不替别人承担责任，是一种自我保护和自我发展的智慧。这能够让我们更加专注于自己的工作和生活，提高效率和质量，避免麻烦和纠纷。同时，也能够促进团队的协作和社会的和谐发展。在这个纷繁复杂的世界里，让我们学会坚守自己的责任边界，以更加自信、从容的姿态面对各种挑战和机遇。

第三章

做人的分寸：藏露得宜，做好自己

23. 给自己“画像”：独立、客观地认识自己

在人生的舞台上，我们每个人都在努力扮演自己的角色，追寻生活的意义和价值。而在其中，能否独立、客观地认识自己，是我们掌握为人处世分寸的基础。

独立、客观地认识自己，意味着摆脱他人眼光和外界评价的束缚，以一种清晰、冷静的视角审视自己。说起来简单，实际上并非易事。由于受到复杂社会的纷扰，我们常常迷失在他人的期待和社会的标准里，忽略了自己内心真实的需求。

小赵是一名刚进入大学的学生。在高中时，他成绩优异，是老师眼中的优秀学生。进入大学后，他发现周围的同学都非常优秀，觉得自己反而变得平常无奇了。在一次社团活动中，小赵报名参加了演讲比赛。他精心准备，期望能取得好成绩。然而，比赛结果却不尽如人意，没有获得任何奖项。这让小赵深受打击，开始有点怀疑自己的能力。

经过一段时间的消沉后，小赵重新审视自己，开始独立、客观地分析自己的情况。他认识到，虽然在演讲方面没有获奖，但他的学习成绩依然不错，而且他具有较强的逻辑思维能力和文字表达能力，这在他的专业学习中是很有优势的。

同时，小赵也看到有的同学擅长沟通，能够轻松地与他人交流并组织活动；有的同学在艺术方面有天赋，绘画或音乐才能出众。这时，小赵明

白每个人都有自己的优势和不足，不能盲目与他人比较。

在认识到自己的优点和不足后，小赵不再纠结于过去的失败，开始专注于发挥自己的优势，努力提升不足之处。后来，小赵利用自己的逻辑思维和文字表达优势，积极参与学术讨论和写作活动，取得了不错的成绩。

在这个案例中，小赵在面对挫折和自我怀疑时，能够冷静下来，不被情绪左右，全面、客观地分析自己的情况，既看到了自己的不足之处，也能发现自己的优点和潜力。这种独立、客观地认识自我的能力帮助他更好地调整心态，明确努力的方向，实现了个人的成长和进步。

那么，我们如何才能独立、客观地认识自己，并对自己有一个清晰而准确的认知呢?

（1）我们要学会自我反思。比如，我们每天抽出一些时间，静下心来回顾自己一天的言行举止。思考自己在处理各种问题时的情绪和态度，是积极主动还是消极逃避？自己的行为是否达到了预期的效果？有没有什么地方可以改进?

（2）我们要虚心倾听他人的反馈。身边的朋友、家人、同事等与我们有密切接触的人，他们会提供一些我们自己未曾注意到的视角。同时，我们在接受他人反馈时，要保持开放的心态，不要急于反驳或辩解。

（3）我们要不断尝试新的事物和挑战，走出自己的舒适区，主动去发现更多的可能性和潜在的能力。比如，我们可以参加一个从未接触过的运动项目，或者报名参加一场演讲比赛。在这个过程中，我们可能会遇到困难和挫折，但正是这些经历能让我们更深刻地认识到自己的毅力、应变能力及对新环境的适应能力。

（4）记录自己的成长历程也是一种有效的方法。我们可以通过写日记、创建个人成长档案等方式，记录下自己在不同阶段的经历、成就、挫折和感悟。回顾这些记录时，我们能够清晰地看到自己的成长轨迹，了解自己是如何一步步变成现在的样子，以及未来可能的发展方向。

（5）在认识自己时，我们要保持客观的态度，避免过度自负或过度自卑。我们既不能因为一时的成功而骄傲自满，也不能因为一时的失败而全盘否定自己。要认识到每个人都有优点和缺点，我们要做的是接纳真实的自己，并努力提升自己的能力。

（6）我们要不断学习，以提升认识自我的能力。比如，心理学、哲学等方面的知识，能够帮助我们从理论层面更好地理解人类的行为和思维模式，从而更深入地剖析自己。

总之，独立、客观地认识自己，需要我们在生活中不断实践和探索。只有真正了解自己，我们才能更好地发挥优势，弥补不足，实现个人的全面发展，过上幸福的生活。

24. 了解自我价值，别试图向每个人证明自己

你有没有经历过这样的体验：有人嘲笑你的节俭，你不得不勉强大方，不惜透支也要显示自己的经济实力；有人调侃你长得过胖，你为了改变别人的看法，拼命节食、减肥，只为扭转别人对自己的印象……

向别人证明自己，仿佛我们只有得到别人的认可，自己的价值才会得以体现。这种行为常常使我们陷入一种误区，那就是试图向每一个人证明自己的价值。然而，这种无休止的证明往往带给我们的是疲惫、焦虑和自我怀疑。

为什么我们总是要试图向他人证明自己？第一个原因是受社会文化的影响。在现代社会中，我们经常认为，只有取得卓越的成就，才能获得社会的认可和尊重。这种“成功至上”的价值观让我们不断追求更高的目标，不断证明自己的价值。这种做法会让我们忽略自己的内心需求和情感体验，陷入无止境的追求之中。第二个原因是我们缺乏自信和自我价值感，需要通过向他人证明自己来获得认可和尊重。这种做法往往会让我们陷入被动的状态，从而不断迎合他人的期望和要求，忽略自己的内心需求和感受。第三个原因是我们害怕失败和被拒绝，需要通过向他人证明自己来获得安全感。这种做法往往会让我们过度谨慎和保守，不敢尝试新的事物和挑战自己的极限。因此，我们真正的智慧在于了解自我价值，明白无须为了迎合他人的期待而去证明自己。

首先，自我价值不一定非要他人的认可。每个人都有自己的价值和意义，这种价值不一定非要通过他人的认可来证明。社会中每个人都是独一无二的，各自有着不同的经历、性格和才能。如果我们总是试图成为别人眼中的完美形象，反而会使我们无法发挥出自己的最大潜力。比如，一个天生擅长专业技术的人，可能因为周围人的期望而选择了从事管理工作。虽然表面上看起来风光，但他内心却充满了痛苦和迷茫。

其次，证明自己是一种无止境的追求。因为在生活中，我们永远无法满足所有人的期望和要求。如果我们总是试图向他人证明自己，那么我们就会陷入这种无止境的追求之中。因此，我们应该关注自己的内心需求和感受，追求自己真正想要的生活。

最后，证明自己会让我们失去自我。如果我们总是试图向他人证明自己，那么我们就会失去自我。我们会不断地迎合他人的期望和要求，而忽略自己的内心需求和感受。我们应该坚持自己的信念和价值观，不要为了迎合他人而放弃自己的原则和底线。

自我价值是我们对自己的认可和尊重，它不取决于外界任何人的评价和认可。当我们清楚地认识到自己的独特之处、优点和潜力时，便能建立起稳固的自我价值感。这种价值感可以让我们保持自信和坚定，使我们勇于面对生活中的挑战和困难。

那么，我们如何才能摆脱向每个人证明自己的冲动呢?

（1）我们需要静下心来，思考自己的兴趣爱好、优点和梦想。问问自己，什么事情能让自己感到快乐和满足。通过这样的反思，我们能够更加清晰地认识自己，找到自己的价值所在。

（2）我们要设定属于自己的目标和标准，不要盲目地跟随他人的脚步，而是根据自己的内心需求和能力制定目标。

（3）我们要学会与积极的人相处，这非常重要。身边那些支持、鼓励和理解我们的人，能够帮助我们看到自己的优点和潜力，使我们更加坚信自己的价值。

（4）我们应该接受自己的不完美，不要对自己过度苛求，通过自我接纳、自我宽容和自我和解来缓解焦虑和压力，从而使生活更加轻松和自在。

总之，了解自我价值，不要试图向每个人证明自己，这是通往成功的关键。希望我们都能在自我认知的道路上越走越远，保持平和心态，收获内心的平静与力量。

25. 学会扬长避短，发挥自己的优势

在人生的旅途中，学会扬长避短，发挥自己的优势，是走向成功和幸福的关键。

我们每个人都有自己独特的天赋和才能，也有自己不擅长的方面和弱点。如果我们能够清晰地认识到自己的优势和劣势，并将更多的精力用在发挥优势上，发扬长处，规避短处，就能够在激烈的竞争中脱颖而出。

贝多芬自小就展现出非凡的音乐天赋，在音乐演奏和创作方面表现出色。然而，命运却和他开了一个残酷的玩笑。从1796年开始，他的耳病逐渐加重，后期甚至完全失聪。对于一个音乐家来说，失去听力几乎是致命的打击。但贝多芬并没有因此而放弃音乐。他充分发挥自己对音乐的深刻理解和卓越的音乐才华，扬长避短，利用骨传导的方式来感受音乐的节奏和旋律。虽然贝多芬无法直接听到声音，但他内心的音乐感知依然强烈。贝多芬凭借顽强的毅力和坚定的信念，继续进行创作。在他患耳疾期间，创作了许多不朽的经典作品，如《悲怆奏鸣曲》《月光奏鸣曲》《命运交响曲》《田园交响曲》等。

贝多芬的故事激励了无数人，告诉我们即使面临巨大的困难，只要能够充分发挥自身的长处，坚持不懈，就能够战胜逆境，创造出非凡的成就。

扬长避短能够让我们在工作中充分展现出更高的效率和创造力。比如，

一个具有扎实专业知识和创新思维能力的人，在从事科研工作时，能够充分发挥自己的优势，取得出色的业绩。相反，如果让这样的人去从事管理和销售工作，他可能会感到力不从心，无法充分发挥自己的潜力。因此，发挥我们的长处，并选择与之匹配的职业道路，是实现职业成功的重要前提。

扬长避短能够帮助我们提升自信心。当我们发挥长处并在某个领域取得成绩时，会得到他人的认可和赞扬，这会让我们对自己的能力更加有信心。这种自信心会进一步激发我们的积极性和主动性，促使我们在下一步工作中更加积极进取。相反，如果我们总是在自己不擅长的领域苦苦挣扎，频繁的失败和挫折会使我们产生自我怀疑和自卑心理，从而影响未来的发展。

然而，要真正做到扬长避短，发挥自己的优势，并非易事。我们需要注意以下几点：

（1）我们需要对自己有一个客观、全面的认识。我们要不断地自我反思，了解自己的兴趣爱好和知识技能水平，客观地找出自己的优势所在。同时，我们也要勇敢地面对自己的不足，明确哪些是可以通过努力提升的，哪些是需要尽量规避的。

（2）我们要有勇气和决心去选择适合自己的道路。很多人之所以不能做到扬长避短，并不是没有认识到自己的长处，而是受到各种因素的影响，如社会的期望、家庭的压力等，导致他们不敢去发挥自己的长处。因此，在现实生活中，我们要克服这些外在的干扰，坚定地走自己的路。

（3）我们要学会拒绝自卑，树立自信，认为自己是独一无二的。这个世界上从来没有完美的人，也没有只有优点而没有缺点的人。我们没有必要因为自己有某些弱点而自卑，只要主动出击，改变自己，这些弱点可以得到有效改善，经过努力提升为某一方面的长处。因此，当我们意识到自己出现自卑心理时，要勇敢面对，积极改进，让弱点不再成为人生的障碍。

（4）我们要不断地通过学习来提升自己。即使我们在某个领域有一定的优势，但如果停止学习和进步，也很容易被时代淘汰。通过学习新的知识和技能，我们可以不断拓展自己的优势。同时，学习也能够帮助我们弥补一些不足，使我们在面对挑战时更加从容自信。

（5）我们要注重团队协作精神的培养。在团队中，每个人都有自己的优势和劣势，我们要充分发挥个体的优势，相互协作、取长补短，从而实现团队的整体目标，创造更大的价值。

总之，学会扬长避短，发挥自己的优势，是我们实现人生目标、追求幸福生活的重要途径。这需要我们对自己有清晰的认识，勇于做出选择，不断进步，保持良好的心态。

26.“收”与“放”的平衡：张扬不等于张狂

在人际交往中，我们有时需要勇敢地表达自己的观点和情感，展现个人魅力，但同时，我们也要尊重他人的想法和感受，给别人留有余地。一个过于张扬自我、不顾及他人感受的人，很难赢得别人的尊重。相反，一个总是过于收敛、不敢表达自己的人，也往往会被他人忽视或误解。

因此，在人生的舞台上，我们如何把握好收与放的平衡，做到张扬而不张狂，是我们演绎自己角色时需要掌握的高深艺术。

张扬是一种积极向上的人生态度。它是对我们才华和能力的自信展现，是对梦想和目标的勇敢追求。一个张扬的人，往往充满活力和激情，能够吸引他人的目光，同时又能激发周围人的积极性。

然而，张扬一旦越过了边界，就变成了张狂。张狂是一种过度自负、目中无人的表现，它让人失去理智，忽视自身的不足和外界的意见。张狂的人常常因自我膨胀而迷失方向，最终导致失败。

在反秦战争中，项羽凭借卓越的军事才能和无畏的勇气，屡战屡胜，声名远扬。在巨鹿之战中，项羽破釜沉舟，以少胜多，再次展现了非凡的军事智慧和果敢。然而，这些胜利也让他逐渐变得自负起来。在鸿门宴上，项羽不听范增之言放走了刘邦，错失了铲除最大竞争对手的良机。项羽过度自负，自认为天下无敌，不把任何人放在眼里。楚汉相争时期，项羽的张扬已演变成张狂，刚愎自用，不善于采纳他人的建议。项羽不信任自己的将领，导致人才纷纷流失，转投刘邦阵营。在垓下之战中，项羽的军队被刘邦的军队重重包围时，他仍未意识到自己的张狂所带来的恶果，而是一味地抱怨“时不利兮骓不逝”，却没有反思自己在战略和用人上的失误。最终，项羽乌江自刎，结束了其悲壮而又令人惋惜的一生。

项羽的失败，很大程度上源于他的狂妄自大。他过度自信，不能审时度势，无法听取他人意见，最终导致众叛亲离、霸业成空。项羽的故事成了一个深刻的教训，提醒后人要保持谦逊，不可因一时的成功而骄傲自满。

要做到张扬而不张狂，关键在于为人处世中“收”与“放”的平衡。“收”，意味着内敛、含蓄、稳重，是一种自我约束和沉淀；“放”，代表着展现、释放、勇敢，是对自我能力和魅力的表达。“收”与“放”的平衡，如同阴阳调和，是做人的智慧所在。

在现代社会中，我们能看到许多关于收放平衡的例子。在职场中，一个优秀的领导者应该懂得在适当的时候展现自己的权威和决策能力，这是“放”；同时，也要倾听下属的意见和建议，尊重团队成员的贡献，这是“收”。只有这样，才能打造一个和谐高效的团队。而一个急于表现、独断专行的领导，往往会引起下属的反感和抵触，影响团队的凝聚力和工作效率。

那么，如何才能做到“收”与“放”的平衡，实现张扬而不张狂呢？

（1）我们要了解自己的优点和不足，明确自己的能力边界，不盲目自大，也不妄自菲薄。只有对自己有清晰的认识，才能在面对各种情况时做出恰当的反应。

（2）我们要学会倾听和尊重他人的意见和建议。每个人都有自己的想法和观点，尊重他人的意见能够拓宽自己的视野，避免因狭隘和自负而变得张狂。同时，倾听他人的建议也有助于我们不断完善自己，更好地发挥自身的优势。

（3）与人相处时，我们要保持谦逊的态度。谦逊不是自卑，而是一种内在的修养和智慧。一个谦逊的人，即使在取得成就时也能保持平和的心态，不骄不躁，继续前行。

（4）我们需要不断学习和反思自己。随着社会的进步，我们的知识需要不断更新。通过学习，我们能够提升自己的能力和素养，从而更加自信地展现自己；通过反思，我们能够总结经验教训，发现自身在各方面的不足，并及时调整自己的行为。

"收"与"放"的平衡，不仅是一种处世哲学，更是一种对生活的热爱和对自我的尊重。古人云："满招损，谦受益。"只有把握好"收"与"放"的平衡，做到张扬而不张狂，我们才能在人生的道路上稳步前行。

27. 对自己要有点分寸，不要总好为人师

现实生活中，你可能经常遇到这样的人：他们不管自己是否学识渊博，也不管自己的观点是否正确，总是喜欢指点别人做事，好为人师。

孟子曰："人之患在好为人师。"意思是说，人有一个毛病，就是喜欢做别人的老师。我们一定要警惕，防止自己成为这样的人。喜欢做别人老师的人，往往不被人喜欢。

好为人师，指的是那些总是喜欢以教导者自居，急于向他人传授知识、经验或表达观点，而不顾他人需求和感受的行为。这种行为看起来像是出于热心和善意，但实际上往往给人一种不尊重、压制对方的感觉，也是一种不能正确面对自己错误认知的表现。比如，一种人总认为自己的想法或经验是有利于他人的，一有机会就会对他人说教，希望别人遵从自己的意见去做事，给人好为人师之感。

好为人师的行为容易破坏人际关系。没有人喜欢总是被别人指点，即使对方的出发点是好的。当我们不断地对他人进行指点时，很容易引起对方的反感和抵触，从而导致关系的紧张和疏远。

好为人师有这么多缺点，为什么还有很多人要这么做呢？好为人师者，往往不能正确认识自己，对自己的分寸把握不准，过度自信。因此，正确认识自己是一项至关重要的事情，它不仅影响我们的个人成长，还决

定我们与他人的关系。

正确认识自己，首先要明白每个人都是独特的，有着不同的经历、性格、价值观和能力。我们不能简单地将自己的标准和经验套用到别人身上。比如，一个人在某项工作中取得了不凡的成绩，可能会认为自己的经验适用于所有人，于是对他人的工作指手画脚。然而，他没有意识到，别人可能有自己的工作习惯和计划，他的“成功经验”对于别人来说并不一定适用。

同时，我们也要承认自己的局限性。在这个社会中，没有人能够无所不知、无所不能。如果我们过度自信，认为自己总是对的，往往会忽略自身的错误和盲点。这就是我们常说的对自己没有分寸。

因此，在人际交往中，我们要做到以下几点：

（1）我们要培养倾听他人的想法和感受的习惯。通过倾听，我们不仅能更好地与他人交流和沟通，还可以发现他人的思考方式和解决问题的能力，从而提高我们的认知能力。当我们倾听时，要保持专注和耐心，不要急于打断或评判对方。

（2）我们在与他人沟通时要保持谦虚的态度。即使我们在某个方面有一定的经验和成就，也不能因此而骄傲自满。我们应当以平等的姿态与他人交流，分享经验而不是强行灌输观点。

（3）我们要学会换位思考，设身处地地为他人着想，理解他人所处的环境和面临的问题，而不是急于给出自己的解决方案。在我们看来显而易见的解决方案，对于他人来说可能并不适用。只有从对方的角度出发，我们给出的建议才更有可能被接受和采纳。

（4）在社会交往中，我们还应该营造相互学习、共同成长的氛围。每个人都有值得学习的地方，我们可以通过交流和分享来互相启发，而不是单方面地进行教导。比如，在一个团队中，成员之间应该发扬民主，鼓励相互交流，分享每个人的观点和经验，共同寻求最佳的解决方案。

对自己有点分寸，正确认识自己，避免好为人师，是一种修养，也是一种智慧。它需要我们时刻保持清醒的头脑，不断地自我反省，以谦逊、包容和学习的心态与他人携手共进。

28. 懂得低调，高调时也要有分寸

在人生的舞台上，每个人都渴望成功，绽放自己的光芒。在工作中，只有勇于表达自己的声音，提出自己的想法，并坚持正确的主张，才能获得他人的尊重，增强自己的话语权。

然而，如何在展现自我的同时保持适度，懂得低调，并在高调时把握好分寸，却是一门值得深思和不断提高的学问。

贾诩是东汉末年至三国时期的一位谋士，他不仅在军事上非常有谋略，在为人处世方面也极为内敛。他投奔曹操后，成为曹操的谋士，却发现曹操猜忌心颇重。因此，在曹操身边时，贾诩一般不会主动出谋划策。即便曹操问起，贾诩也会根据曹操提问所涉及的事情，尽量委婉地回答。除了上朝时间，贾诩平日里大多闭门自守，待在家里静养身心。此外，贾诩还约束家人，不许他们在外面胡言乱语。就连自己子女的婚配，也没有按照当时的惯例，在权贵中联姻。贾诩这种低调的为人处世作风，不仅让他躲过了曹操的猜忌，之后也躲过了曹丕的猜忌，在那个纷扰的乱世，最终以77岁的高龄得以善终。

历史上很多被认为行事高调的人却能得到各方人的认可，原因何在呢？这是因为他们能够准确掌握高调的分寸。

高调的做事方式是一种积极向上的工作态度。在工作中，高调做事意味着敢于展示自己的才华和能力，从而争取到更多的资源和机会。然而，

高调有时也是一把“双刃剑”，如果使用不当，也可能会伤到自己。

高调行事容易招人嫉妒和反感。一个过于高调的人可能会被认为自负、傲慢，从而导致人际关系的紧张。在职场中，如果总是高调地宣扬自己的成就，而忽视团队成员的贡献，很可能会引发同事的不满，破坏团队的和谐氛围，最终影响工作的开展和个人的职业发展。

高调还可能使我们面临过高的期望和压力。一旦我们高调展示了自己的能力，而又无法达到所设定的高标准时，就会遭受质疑和批评，声誉受损。

另外，过于高调还容易暴露自己的弱点和不足之处。在竞争激烈的环境中，对手可能会利用这些信息来攻击我们。

所以，我们在决定高调行事之前，应当充分评估自身的实力和所处的环境，确认自己能否承担高调带来的后果。我们要把握好高调的分寸，适时地展示自信和实力，能够吸引资源和机会；同时也要懂得低调，适时收敛，保持谦逊和低调。

懂得低调，并非要求我们完全压抑自己的能力和才华，而是在适当的时候选择低调，不刻意炫耀，避免成为众矢之的。低调可以让我们更冷静地看待人与事，积攒能量，从而在关键时刻展现出真正的实力，达到出其不意的效果。

刘备早年四处漂泊、寄人篱下，但他心怀大志，又懂得低调。在曹操面前，他故意装作胸无大志。有一次，曹操在和刘备喝酒时说道：“今天下英雄，唯使君与操耳。”刘备听闻此言，惊得筷子都掉落在地，以为曹操了解到他的远大志向。这时正好雷声大作，刘备急中生智，从容地低头拿起筷子说：“因为打雷被吓到了，才会这样。”

正是刘备这种懂得低调的智慧，才让他得以在乱世中保存实力，最终建立了蜀汉政权。

在现代社会，懂得低调也是一种宝贵的品质。在职场上，那些急于表现自己、处处争功的人往往容易引起同事的反感和嫉妒，从而给自己的职业发展带来阻碍。相反，那些默默努力、在关键时刻展现出出色能力的人，有时更容易获得领导的赏识和同事的尊重。

由此可见，懂得在低调和高调之间把握分寸是一种平衡的艺术。它需要我们具备敏锐的洞察力，能够准确判断何时该低调、何时该高调，以及如何把握其中的尺度。

29. 不怕“坐冷板凳”，要耐得住寂寞

在追求梦想的道路上，并非总是有鲜花和掌声，更多的时候，是漫长的等待和默默的坚守。成功从来都不是那么容易的，我们只有经历过磨难，熬过低谷，经过挑战，才能走向成功。而每一个成功的人，都是耐得住寂寞的人。不怕“坐冷板凳”，能够耐得住寂寞，这是一种珍贵的品质，也是走向成功的必经之路。

在许多领域，那些取得巨大成就的人，往往都经历过一段不为人知的“坐冷板凳”的时光。他们凭借坚定的信念，在孤独中坚守，在寂寞中磨砺，最终迎来了属于自己的辉煌。其中，科研领域就是一个充满“冷板凳”的地方。

屠呦呦，这位获得诺贝尔生理学或医学奖的科学家，为了研制青蒿素，历经无数次的失败和挫折。她领导科研组继承并发扬祖国医药学遗产，从系统整理历代医学典籍入手，收集了两千多种方药，归纳编纂成《抗疟方药集》，又从中选出部分方药，以现代科学方法进行筛选，不断改进提取方法，终于在1971年发现对鼠疟、猴疟均具有100%抗疟作用的青蒿素。经验证为“高效、速效、低毒”的抗疟新药，特别对抗氯喹恶性疟有特效。其后，屠呦呦继续深入研究，又首先发现双氢青蒿素，研制出由青蒿素类和吖啶类抗疟药组成的“复方双氢青蒿素”，扩展药效至免疫领域。

青蒿素的发现，不仅找到了一个抗疟新药，而且为寻找抗疟药开辟了一条新的途径，由此带动国际抗疟领域工作的新进展，挽救了无数患病者的生命。

在漫长的研究岁月里，屠呦呦的工作并非一帆风顺，她默默地在实验室里埋头苦干，坐了多年的“冷板凳”。没有丰厚的待遇，没有耀眼的光环，只有对科学的执着和解除人类病痛的使命感。最终，她成功地发现了青蒿素，为全球疟疾防治做出了巨大贡献。

同样，在文学创作的道路上，许多作家也经历过寂寞的煎熬。比如，畅销小说《哈利·波特》的作者J.K.罗琳在成名之前是一位单身母亲，生活困顿，依靠政府救济金度日。然而，她没有被多次退稿的打击所击败，而是耐住寂寞，坚持创作，最终让《哈利·波特》风靡全球。

无数成功案例告诉我们，寂寞不是成功的障碍，“坐冷板凳”并不可怕，关键在于我们要正确对待和认识这段经历。那么，我们具体应该怎样去做呢？

（1）我们要知道自己为什么而努力，为了实现什么样的目标而忍受寂寞。只要我们有明确的目标，内心就会有强大的动力和坚定的信念。这种动力和信念能够让我们在困难面前不退缩，在孤独中保持前行的勇气。

（2）我们要学会在“冷板凳”上积累和沉淀。“坐冷板凳”的时光并非毫无价值，相反，它是我们提升自己、充实自己的绝佳机会。我们可以利用这段时间学习新知识、掌握新技能、反思自身的不足，为未来的突破做好充分的准备。

（3）我们要学会调整心态，从每一次失败中吸取教训，在每一次挫折中看到希望。寂寞和挫折虽然容易让人产生消极情绪，但是只要我们保持积极乐观的心态，努力终会有回报。

总之，无论是在学术研究、艺术创作、体育竞技，还是商业创新等领域，“坐冷板凳”和耐得住寂寞都是我们走向成功的基石。只要我们拥有足够的耐心、毅力和信念，在漫长的等待中坚守初心，在孤独的旅程中不断前行，一定能实现自己的人生价值和理想目标。

30. 学一些“外愚内智”的技巧

在复杂多变的社会中，“外愚内智”是一种深奥的处世智慧。它意味着一个人在外表上表现得愚钝、朴实无华，而内心却充满智慧、洞察一切。这种智慧能够帮助我们在人际关系中保持低调，避免麻烦，同时又能在关键时刻发挥自己的才智，实现自己的目标。

金庸武侠小说《射雕英雄传》中的郭靖是“外愚内智”的代表人物。郭靖性格憨厚老实，甚至给人一种愚笨的感觉。但他内心坚定，具有正直善良的品质和对武学的执着追求。

在武学道路上，郭靖不急于求成，而是一步一个脚印，扎实地修炼内功和招式。他对师父们的教导虚心接受，不耍小聪明，最终成为一代大侠。在感情方面，郭靖对待黄蓉真诚专一，虽然不懂得花言巧语，但他的真心和深情赢得了黄蓉的芳心。

通过以上案例，我们可以总结出一些“外愚内智”的意义与价值。

（1）“外愚内智”可以帮助我们避免麻烦。在社会中，一个人过于聪明外露，往往容易引起他人的注意，有时会给自己带来不必要的麻烦。“外愚内智”可以让我们在人群中不引人注目，减少是非和纷争。

（2）“外愚内智”可以帮助我们建立良好的人际关系。表现出愚钝和朴实的一面，更容易让人产生亲近感和信任感。这有助于我们建立广泛而良好的人际关系，为自己的发展创造有利条件。

（3）“外愚内智”可以帮助我们实现自我保护。在复杂的环境中，隐藏自己的智慧和实力可以有效地保护自己，避免成为他人攻击的目标。当危险来临时，能够出其不意地应对，从而保护自己的利益和安全。

（4）“外愚内智”可以帮助我们更好地实现目标。“外愚内智”能让我们在不引起他人注意的情况下，默默地努力和积累，等待最佳时机展现自己的才能，从而更有可能实现目标。

那么，我们要做到“外愚内智”，应该掌握哪些技巧呢？

（1）保持谦逊、低调，不要总是急于展现自己的聪明才智和成就，而是以平和、低调的姿态与人相处。当面对他人的赞扬时，我们可以用简单的话语表达感谢，避免过度吹嘘自己。

在交流中，我们应多倾听他人的意见和想法，不要急于打断或反驳。即使心中有更好的观点，我们也可以先观察和思考，等待合适的时机再表达。这样不仅能给人留下虚心好学的印象，还能让我们更全面地了解情况，做出更准确的判断。

（2）有时需要学会隐藏实力。在某些情况下，适当地隐藏实力可以为我们避免一些不必要的麻烦。比如，当遇到一些敏感或棘手的问题时，如果我们独自去解决，可能会陷入困境，不妨与他人一同完成，既解决了问题，又不会成为出头鸟。隐藏实力并不意味着真的没能力，而是一种藏露得宜的策略。

（3）需要灵活控制情绪反应。当面对赞扬或批评时，我们应尽量保持平静的表情和心态，不要被情绪所左右。遇到令人兴奋的事情，不要过分狂喜；遭遇挫折和困难，也不要轻易表现出沮丧和愤怒。

（4）平时要多观察、少发言。在群体中，一个善于观察的倾听者往往比滔滔不绝的发言者更具智慧。我们应该用心观察他人的言行举止、表情神态，从中获取更多的信息；在不了解情况之前，不要轻易发表意见或做出判断。

（5）可以适当模糊表态，为自己留出余地。对于一些无法立即给出明确答案或不愿参与的事情，我们可以采用模糊表态的方式，不说“是”或“不是”，而是用一些含糊的词语，如“可能吧”“也许”“再看看”等。这样既不会得罪人，又能给自己留下了回旋的余地。

（6）灵活运用以退为进的策略。有时，主动退让一步，反而能为我们赢得更大的空间和机会。当与他人出现分歧或竞争时，我们不应一味地争强好胜，而应考虑在适当的时候做出让步。

（7）不断提升自己的能力。“外愚内智”的核心在于内心的智慧。我们要不断学习新知识、新技能，拓宽自己的视野和思维方式。通过阅读、参加培训、与优秀的人交流等方式，充实自己的内在。丰富的知识储备也能让我们在面对各种情况时更加从容自信，更好地运用“外愚内智”的技巧。

总之，“外愚内智”是一种处世哲学，这需要我们在生活中不断实践，之后才能掌握其精髓。我们可以外表显得朴实无华，而内心却充满智慧和力量。这样能够帮助我们在复杂的社会中应对各种挑战，实现自己的人生价值。

第四章

思维的分寸：洞察自我，打破禁锢

31. 思维的度与量：动态平衡的艺术

在我们认知世界和实践的过程中，思维扮演着至关重要的角色。人们常说，思维决定行为，行为决定结果。思维不仅是我们理解世界、解决问题的工具，更是我们塑造价值观，做出决策和行为模式的内在驱动力。它决定了我们的思考方式、观念和行为模式。然而，在思维的过程中，我们常常会面临一个问题，那就是如何平衡思维的“度”与“量”。

思维的“度”，可以理解为思考的深度、精度和准度。深度是指对一个问题或一个领域进行全面、深入思考和研究的能力。具备深度思维的人能够透彻剖析问题，触及问题的本质，不浮于表面，能挖掘深层次的原因和逻辑关系，不会被事物的表象所迷惑。精度是指对细节的关注和把握能力。在现实中，一个小小的细节往往可能成为解决问题的突破口，也可能是导致重大失误的导火索。准度是指精准定位核心问题的能力。较高的思维准度，可以帮助我们提出切实可行的解决方案，提高思维方向和结论的准确性。

深度、精度和准度相互关联、相互影响。思考的深度可以成为精度的基础，只有对问题有深刻的理解，才能在细节上做到精准无误。而精度又有助于提高思考的准度，使思维的方向更加明确，结论更加可靠。

与思维的“度”相对应的是思维的“量”，它包括思维的广度、宽度和维度。广度是指思维的视野，从多学科、多角度去思考问题。宽度是指能容纳不同的观点和意见，不局限于自身的固有认知，以开放的心态接纳事物的多样性。维度是指突破常规的思维模式，从不同的层次去审视问题，如从宏观到微观、从短期到长期、从个体到群体等。

那么，在思考的过程中，我们应该追求思维的“度”，还是“量”呢？

思维的“度”可以帮助我们从多个角度审视问题，深入分析其原因，更准确地了解问题的本质，还能帮助我们理解和应用学术理论，构建逻辑思维框架，推演出更有说服力的结论。

但是，过度追求思维的“度”也可能带来一些弊端。如果我们一味地追求深度而忽视了广度，可能会陷入狭隘的思维胡同，导致视野狭窄。过分注重精度则可能导致工作效率低下，在一些不重要的细节上耗费过多的时间和精力。而过度追求准度则可能会使我们变得谨小慎微，错失创新和冒险的机会。

具有广阔的思维广度能够帮助我们激发创新思维，产生新的灵感和创意。比如，宽广的视野有助于我们在复杂的环境中做出更全面、更合理的决策。多维度的思考则能让我们更深入地理解问题的复杂性，避免单一维度的片面性。

但是，思维的“量”如果没有“度”的约束，也可能会陷入混乱和肤浅。在某些研究领域，如果没有深入的钻研，最终只会一知半解，无法形成有效的知识体系。如果我们过多地接纳不同的观点而缺乏自己的主观判断，就会导致思维混乱和犹豫不决。过度追求思维维度的多样性而缺乏重点方向，可能会使问题变得过于复杂，难以找到有效的解决方案。

那么，我们如何在思维的“度”与“量”之间寻求动态平衡呢？

首先，我们需要深入分析思考的目标和问题的性质。对于关键的、战略性的问题，我们可以侧重于思维的深度，深入挖掘、精准定位；而对于开放性、创新性的问题，我们则需要拓宽思维的广度，以激发创意和灵感。

其次，我们要培养灵活切换思维模式的能力。在思考过程中，我们要根据实际情况适时调整深度与广度的侧重，既做到深入钻研，又能实现广泛拓展。

最后，我们要不断地学习和实践，丰富自己的知识和经验，提高思维的敏锐度和判断力，从而更好地把握“度”与“量”的平衡。

总之，思维的“度”与“量”存在相辅相成、相互制约的关系。只有在两者之间找到动态平衡，我们才能充分发挥思维的潜力，理性、全面且灵活地应对生活中的各种问题和挑战。

32. 及时内省、洞察自我的思维模式

我们在成长过程中，不断地做出决定、付诸行动，开展许多与周围世界互动的活动。然而，很少有人真正停下来，进行及时的内省，发现自己的缺点和不足，并改正自己。

内省是指反思自己的思想、行为和情感。它是一种自我审视的过程，是我们洞察自我的一种思维模式。内省需要勇气和耐心，因为它可能会让我们面对自己不愿意面对的问题。然而，只有通过内省，我们才能真正了解自己，找到自己的优点和缺点，从而更好地成长。

杰克和约翰是某大学市场营销专业的同学，毕业后一同进入了一家跨国公司的市场营销部门。在一个重要的产品推广项目中，他们被分配到了同一个团队。在项目初期，杰克提出了很多创新的想法，并主动承担了大部分的策划工作。然而，在方案实施过程中，遇到了一些未预料到的问题，如市场反应不佳、预算超支等。约翰开始抱怨和指责杰克的方案不切实际，认为这次项目肯定会失败。而杰克则没有陷入消极情绪中，他冷静地分析出现问题的原因，反思自己在策划过程中可能存在的疏漏，并积极寻求解决方案。杰克还主动与团队其他成员沟通，收集大家的意见和建议，对营销方案进行调整和优化。最终，在杰克的努力下，项目取得了不错的成果，不仅达到了预期的销售目标，还为公司赢得了新的客户资源。

在这个案例中，杰克和约翰展现出两种截然不同的思维模式。约翰的

思维模式较为固定，他在遇到问题时首先想到的是指责和抱怨，而不是积极寻找解决办法。而杰克则能够做到自我反省，从失败中吸取教训，不断调整自己的策略和方法。这种积极洞察自我的思维模式帮助杰克成功地完成了项目任务，还提升了他的能力和经验，为他未来的职业发展打下了坚实的基础。

内省是一种神奇的力量。通过内省，我们的视角可以瞬间开阔，心胸豁然开朗，一下子从困顿中跳脱出来，从纠缠中释怀。通过内省，我们可以认识自己、改进自己、提升自己、改变自己，认识到自身的问题，成为一个有自知之明的人；通过内省，我们的思想可以变得简单，释放出人性的闪光点和善良，活出自己的人生意义。

那么，我们应如何进入及时内省、洞察自我的思维模式呢？

（1）当我们面对新的情况和问题时，不要急于下结论或采取行动，而应先停下来，问问自己做得对不对、为什么会有这样的想法和感受。比如，当我们在工作中与同事发生冲突时，不要立刻将过错归咎于对方，而应反思自己在沟通方式、态度或处理问题的方法上是否存在不足。

（2）我们要学会记录和反思自己的行为。可以通过写日记、做笔记等方式，将每天的经历、感受和思考记录下来。通过定期回顾这些记录，分析自己在不同情况下的思维模式和行为表现是否恰当，并找出其中的规律和问题。

（3）我们要勇于挑战自己的思维模式。固定的思维模式往往会让我们习惯于待在舒适区，失去尝试新事物和挑战的动力。而洞察自我的成长型思维模式则可以鼓励我们勇敢地走出舒适区，接受新的挑战和机会。通过不断挑战自己，我们可以更清楚地看到自己的潜力和不足，从而进一步完善自我。

（4）要做到及时内省，我们还可以主动寻求他人的反馈。他人的视角往往能够为我们提供新的启发和思考。我们可以向身边的朋友、同事、家人征求意见，了解他们对我们的看法和建议。

总之，及时内省是一项需要长期坚持和不断练习的能力。只要我们养成内省的习惯，就一定能在不断变化的世界中更好地适应环境，实现个人的成长和发展。

33．平衡认知，消除思维的偏差

在生活中，我们每个人都在自己独特思维的支配下完成对世界的理解和认知。然而，思维的偏差却常常在不经意间扭曲了我们对现实的感知，导致判断失误和决策偏颇。这种思维偏差的产生源于多种因素。

首先，我们的认知往往是基于有限的信息和经验来构建对某个事物的看法。信息的局限性、不完整性、不准确性，或者我们个人的主观偏见、情感因素、先入为主的观念等，都可能使我们的思维偏离客观事实的轨道。比如，我们在面对一个旧的观点或现象时，如果已经有了根深蒂固的认识，就很难再选择与之相悖的信息，从而使我们陷入思维的误区。

其次，在社会交往中，群体思维也是导致我们思维偏差的重要因素。当我们身处一个群体中时，为了获得群体的认同，往往会不自觉地迎合群体的观点，放弃自己的独立思考。这种群体思维使得群体内部的观点不断得到强化和放大，而不同的声音则被压制和排斥，进而导致整个群体的思维进一步走向统一。比如，在当今自媒体时代，某个热点事件一旦引发公众关注，某一群体的人们往往会跟随这一群体内大多数人形成的观点去看待这一事件，而很少有人能够独立表达自己的观点。这种群体化现象，只会导致人们的思维偏差日益增大。

此外，还有一个导致思维偏差的原因是认知的易得性。在认知一个事物时，我们往往会受到那些容易回忆起来的信息的影响。比如，在评估一个人的能力和品质时，我们常常会根据他最近的一次表现或印象深刻的事件来做出判断，而忽略了其长期的表现和综合素质。这种易得性信息容易使我们对事物的认知产生偏差，从而做出错误的决定。

为了在这个复杂多变的世界中稳步前行，我们需要学会平衡认知，消除思维的偏差，以更加客观、全面、准确的视角审视生活中错综复杂的现象。

（1）我们需要用批判性思维对所接收到的信息保持怀疑和警惕，不能盲目相信和接受，而应通过深入的分析、推理和论证来判断其真实性和可靠性。比如，我们在面对一个观点或主张时，应该学会提出“证据是什么”“推理过程是否合理”“有没有其他可能的解释”等问题。通过批判性的思考，我们可以打破思维的禁锢，发现表面现象背后的本质和规律，准确地把握事物的真相。

（2）我们要拓宽信息渠道，丰富知识储备，尽量避免由于信息的单一和匮乏而导致的思维偏差。现实中，我们可以通过媒体、学术机构、专家和实践经验等获得信息，积极主动地从多个角度审视同一问题，从而弥补单一信息来源的局限性。同时，也要不断学习和积累知识，提高认知水平和思维能力。

（3）我们要努力克服认知惰性。我们的思维往往具有惯性和惰性，习惯于按照既定的模式和思路来思考问题，不愿意接受新的观念和挑战。然而，这种认知惰性会使我们的思维陷入僵化和狭隘，无法适应不断变化的环境和需求。为了打破这种思维惰性，我们需要勇敢地跳出舒适区，主动接触和学习新的知识和技能，尝试从不同的角度、用不同的方法来解决问题。

孔子提出的“学而不思则罔，思而不学则殆”的观点，强调了学习与思考的相互关系。只有将两者有机结合起来，才能避免陷入思维的误区。

孔子还倡导："三人行，必有我师焉。择其善者而从之，其不善者而改之。"这体现了他善于向他人学习，不断完善自己认知的谦逊态度。正因为孔子能够不断地平衡认知，消除思维的偏差，他的思想才能被世代相传，成为中华民族传统文化中的瑰宝。

（4）对待新事物，尤其在科学研究领域，我们要始终秉持严谨、客观、理性的态度，不断地对现有的理论和假说进行验证和修正。只有敢于挑战权威，勇于突破传统思维的束缚，我们才能通过大量的实验和观察，发现新的科学现象和规律。

34. 克服保守心态，让自己不再退缩

我们知道，生活中的一些危险的事，我们一般不会去做。可是，如果我们对任何事都充满恐惧，那就太保守了。保守的心态会让我们在关键时刻选择退缩，从而错失许多可能改变命运的机会。

简单来说，保守心态就是我们对未知的恐惧、对失败的担忧和对改变的抗拒。这种心态会使我们在面对新情况时，更倾向于维持现状，而不是冒险尝试。

王珊一直对摄影有着浓厚的兴趣，并梦想成为一名专业摄影师。然而，当她有机会参加一个重要的摄影比赛，展示自己的作品时，却因为担心自己的作品不够好，害怕评委的批评和同行的嘲笑，最终选择了放弃。结果，她看着水平还不如自己的参赛者在比赛中获得成长和认可，真是后悔不已。

下面这个案例也是如此。

亚伦在公司里有一个晋升的机会，但新的职位需要更高的专业能力和承担更大的责任。亚伦担心自己无法胜任新的岗位，于是选择了退缩。最终，这个机会被另一个更勇敢的同事抓住，亚伦则在原岗位上继续迷茫，职业发展陷入瓶颈。

这两个案例都反映了保守心态给我们带来的负面影响。很多人之所以具有这种心态，大多数是源于过去的失败经历、社会压力或者对自身能力

的不自信。

那么，如何才能克服这种心态，不再退缩呢？

（1）我们需要客观地评估自己的能力和优势，建立正确的自我认知。既要承认自己的不足，也要明白，不足并不意味着无法改变和进步。我们可以通过不断学习和实践，提升自己的能力，弥补不足。

（2）我们要改变思维方式，不能总是关注可能出现的失败和负面结果，而应该更多地看到成功的可能性和潜在的收获。比如，面对挑战时，我们不妨问问自己："如果我成功了，会带来什么样的好处？"通过自我鼓励来提升我们的积极性和勇气。

（3）我们要摆脱保守思维，始终保持求知欲和开放的心态。我们应主动寻找新的知识和信息，积极参与学习和培训，不断拓宽自己的知识面。同时，还要敢于接受挑战，勇于尝试新事物。只有不断学习和适应新环境，才能不断进步，在竞争中占据有利地位。

（4）我们要学会从失败中吸取教训。失败并不可怕，可怕的是重复同样的错误。每一次失败都是宝贵的学习机会，它让我们知道哪里需要改进哪里还有提升的空间。

（5）我们要经常向他人寻求支持和鼓励，以帮助我们克服保守心态。与积极向上、勇敢自信的人在一起，他们的积极向上会感染我们，使我们更有勇气去面对困难。同时，他们的建议和帮助也能让我们少走弯路。

（6）克服保守心态不是一蹴而就的，需要我们保持耐心和坚持，在长期实践中不断调整和改进策略，勇于战胜自己，勇敢地追求梦想。

35. 驱除“无用的担忧”，寻找有效的解决方案

“要考试了，我好紧张……怎么办？”你是不是常常被这样的担忧所困扰？可是，这些担忧对我们真的有用吗？当我们静下心来审视自己的内心时，会发现这些无用的担忧对我们没有任何积极意义，反而会成为我们寻找有效解决方案的阻碍。

为什么我们总是有那么多无用的担忧呢？大多数情况下，这是源于我们对未来的不确定性、对过去错误的耿耿于怀，或者对自身能力的不自信。这种担忧是一种没有实际依据、过度想象且无法带来积极改变的焦虑情绪。比如，我们担心明天可能会下雨而破坏郊游计划，于是今天一整天都在焦虑中度过；又如，我们总是担心不能很好地完成某项工作任务，害怕因此影响自己的职业发展，从而陷入无尽的自我怀疑之中。

无用的担忧会大量消耗我们的精神和能量。首先，无用的担忧会使我们陷入焦虑和恐惧之中，无法集中精力解决实际问题，从而影响我们的决定和行动力。其次，无用的担忧会使我们停滞不前。当我们过于担忧未来的困难和挑战时，往往会选择逃避和放弃。最后，无用的担忧会削弱我们的自信和自尊心。当我们过于担忧未来的失败和挫折时，往往会低估自己的能力和价值。这会导致我们对自己失去信心，产生自我怀疑和自卑情绪。

无用的担忧会对我们的身心健康产生负面影响。持续的焦虑和紧张可能导致失眠、头痛、食欲不振等身体不适，同时也会引发心理问题，如抑

郁症和焦虑症。

那么，我们要如何驱除这些无用的担忧呢？

（1）我们首先要认识担忧的本质。当担忧的念头出现时，我们要停下来问问自己，这种担忧是否有实际的依据，我们是否能够通过担忧来解决问题。也就是说，我们要区分“有用的担忧”和“无用的担忧”。

①“有用的担忧”又称建设性担忧，它是指对现实中可能存在的危险或担忧的认知所产生的焦虑。为了降低或消除这些危险或担忧的发生，我们可以采取某些措施或行为加以应对。

②“无用的担忧”又称非建设性担忧，是指对缺乏现实性或者发生可能性极低的危险或担忧的认知所产生的焦虑。由于这样的危险或担忧发生的可能性低，我们往往没有太大必要为此做什么准备，即便准备了，结果也可能是弊大于利，得不偿失；或者，即使准备了，我们也无法控制事情的结果或避免消极后果的发生。

如果我们判断担忧是无用的，那么就要提醒自己，这种担忧是无用的，不应让它占据我们的思维。

（2）我们要学会用乐观的心态看待问题，相信自己有应对困难的能力。即使我们面临挫折，也要相信这是成长和学习的机会。在面对担忧时，积极的心态是至关重要的。

（3）当我们对未来感到迷茫和担忧时，可以通过拟订明确的目标和计划来消除不必要的担忧。拟订具体的目标和可行的计划不仅能够为我们指明方向，还能让我们知道每一步该怎么做。有了清晰的计划，我们的担忧就会逐渐减少，取而代之的是为实现目标而努力的动力。

（4）我们在面对担忧时，要学会放松和减压。通过运动、阅读、旅行等方式，我们的身心可以得到充分的休息和放松，紧张和焦虑的情绪得以缓解。当担忧不断出现时，我们可以选择去健身房挥洒汗水，或者在周末去郊外散步，感受大自然的宁静。这些活动都能有效地帮助我们驱除无用的担忧。

（5）我们要善于借鉴他人的经验和智慧来应对挑战。比如，在解决某个技术难题时，我们可以向行业内的专家请教，或者参考其他成功企业的类似案例，往往能够获得新的思路和方法。

（6）我们要培养创新思维和适应能力。未来充满变数，我们必须具备快速应对变化的能力。创新思维可以帮助我们突破传统的思维模式和方法，发掘新的机会和解决方案，迅速适应新环境和新要求。

36. 想象要合理，思维的触角才能自由延伸

在人类创新的道路上，想象一直是推动进步和创新的强大力量。无论是古老的神话传说，还是现代的科技奇迹，合理的想象照亮了我们前行的道路。它不仅赋予我们超越现实的勇气，还引导我们在思维的宇宙中自由翱翔，开拓未知的领域。

想象并非毫无根据的空想，而是建立在我们对现实的观察、理解和积累之上的创造性构想。在合理想象的指引下，我们的思维才能自由延伸，最终让我们以全新的视角审视世界，发现隐藏在平凡背后的无限可能。

J.K. 罗琳通过《哈利·波特》系列小说，将一个奇幻的魔法世界栩栩如生地展现在读者眼前。霍格沃茨魔法学校、魔法咒语、神奇生物，这一切看似超脱于现实，但又与我们的生活有着微妙的联系。J.K. 罗琳巧妙地将人性的善恶、友情的珍贵、勇气的力量等价值融入魔法世界的架构之中，使读者在沉浸于奇幻之旅的同时，也能产生深刻的情感共鸣和思考。

正是因为J.K.罗琳基于对人性和社会的深刻洞察进行了合理想象，《哈利·波特》才能风靡全球，成为无数人心中永恒的经典。

合理想象的力量不仅体现在文学、科技和科学领域，在艺术、设计等领域同样发挥着至关重要的作用。比如，丹麦设计师雅各布森设计的“蛋椅”，以其独特的造型和舒适的体验成为现代家具设计的经典之作。

那么，如何才能培养和发挥合理想象的能力呢？我们需要在以下几方

面努力。

（1）我们要具备广泛的知识积累。只有对各个领域的知识有一定的了解，我们才能在进行创作时有更多的素材和依据。

（2）我们要保持敏锐的观察力和强烈的好奇心。生活中的点滴细节、自然中的奇妙现象、社会中的复杂问题，都可能成为激发想象的火花。善于观察、善于提问，才能不断拓展思维的边界。

（3）我们要培养勇于突破常规、敢于挑战权威的精神。当我们不被固有的观念和模式所束缚，敢于跳出思维的舒适区时，才能创造出真正独特而有价值的想象力。

（4）我们需要保持清醒的头脑，学会辨别和筛选信息，以确保我们的想象拥有真实可靠的基础。现实中，过度的想象可能导致我们脱离实际，陷入不切实际的幻想之中。如果我们的想象没有建立在充分的知识和经验基础上，很容易成为无根之木、无源之水。此外，在信息爆炸的时代，我们还容易受到各种虚假信息和片面观点的影响，从而干扰我们的想象方向和判断能力。

37. 突破思维定式，解放自己的思路

思维方式始终是决定个人成长的关键因素之一。思维定式如同无形的枷锁，常常束缚我们的思考，限制我们的创造力。然而，当我们勇敢地突破这一束缚，解放思想时，就能开辟出全新的天地，创造出意想不到的成就。

思维定式在一定程度上能够提高效率，减少决策的不确定性，但同时也容易让我们陷入僵化和保守，错失许多创新的机会。因此，很多时候，我们要勇于突破思维定式，展现思维解放所带来的巨大力量。

对于我们个人而言，突破思维定式能够帮助我们在学习、工作和生活中脱颖而出。在学习上，不再局限于死记硬背，而是善于思考和总结规律，寻找更高效的学习方法；在工作中，能够提出新颖的创意和解决方案，为职业发展打开新局面；在生活中，以更加灵活和积极的态度面对各种挑战和困难，创造丰富多彩的人生。

在蔡伦之前，人们主要使用竹简、丝帛等材料来书写记录。竹简沉重且不便携带，丝帛则价格昂贵。蔡伦没有被传统的书写材料和制作方法所束缚，他大胆创新，尝试使用各种原材料。经过多次试验和改进，蔡伦最终选用树皮、破布、麻头、旧渔网等废旧材料，并通过一系列创新的工艺，成功制造出了质地轻薄、价格低廉、易于书写和保存的纸张。

蔡伦发明造纸术，便是突破思维定式的一个典范。

《三国演义》中，面对司马懿的大军压境，城中兵力空虚的诸葛亮没有选择常规的防守或逃跑策略。他反其道而行之，大开城门，自己则在城楼上悠然抚琴。司马懿深知诸葛亮一生谨慎，从不冒险行事，此次反常的举动让他心生疑虑，担心城中有埋伏，最终下令撤军。

诸葛亮正是凭借对司马懿思维定式的洞察和自己突破常规的勇气，以看似冒险的策略化解了一场危机。这一案例也充分说明，在困境中，突破思维定式，出其不意，往往能够取得意想不到的效果。

这两个案例告诉我们，突破思维定式是实现创新和进步的关键。那么，我们如何才能突破思维定式，解放自己的思想呢？

（1）我们要保持开放的心态和好奇心，对周围的事物充满兴趣，愿意探索未知，不轻易对新观念、新方法持否定态度。同时，也要勇于接受新的信息和知识，不断拓宽自己的视野和认知边界。

（2）我们要学会质疑和反思。对于习以为常的观点、做法和规则，我们要敢于提出疑问，思考其合理性和局限性。通过反思和批判，我们可以发现潜在的问题和改进的空间。

（3）我们要培养多元化的思维方式，从多个角度分析和解决问题。要学习不同领域的知识和方法，借鉴其他学科的思维模式，并将其融合运用于自己的思考中。

（4）我们要积极进行实践，尝试突破思维定式，并通过实际行动来验证和完善新思维。勇于尝试新的方法和途径，从实践中积累经验，不断调整和优化我们的思路。

38. 学会归零思考，不被失败占据头脑

在人生的旅途中，每个人都会遭遇失败。失败的经历有时会像一副沉重的枷锁，紧紧束缚着我们的思想和行动，让我们陷入失败的回忆中无法自拔。然而，学会归零思考，可以帮助我们打破这一困境，以全新的视角和积极的心态去面对未来。

归零思考意味着放下过去的失败和挫折，将心态和思维重置为零，不受以往负面经历的干扰，重新审视问题，寻找新的机会和可能性。然而，拥有这种“学会放下，活在当下”的人生态度并非易事，但它具有改变人生轨迹的力量。

被誉为“发明大王”的托马斯·爱迪生的成功之路并非一帆风顺。在发明电灯泡的过程中，他经历了无数次的失败。当时，人们都在使用煤气灯和蜡烛来照明，爱迪生决心要发明一种能够用电、更高效、更便捷的照明工具。他尝试了上千种材料来制作灯丝，但每一次的实验都以失败告终。在这个漫长的过程中，他不仅耗费了大量的时间、精力和资金，还被很多人质疑和嘲笑，认为他是在异想天开。然而，爱迪生的头脑并没有被这些失败所占据。他坚信每一次的失败都是向成功迈进的一步，每一次尝试都让他排除了一种不可行的方案。爱迪生不断重新开始、重新思考、重新实验。最终，在经过了无数次的失败后，他成功地找到了适合的灯丝材料——钨丝，发明了实用的白炽灯泡，为人类带来了光明。

爱迪生的故事告诉我们，失败并不可怕，可怕的是被失败困住，失去重新出发的勇气和信心。

在现实生活中，我们也会因为一次考试的失利而对自己的能力产生怀疑，因为一次感情破裂而不敢去爱，因为一次创业的失败而对未来的事业失去希望。这些失败的经历如同乌云，笼罩在我们的心头。但如果我们能够像爱迪生一样，学会归零思考，就会发现，每一次失败都只是人生中的一个小插曲，不是终点。

考试失利，我们可以总结经验教训，改变学习方法，重新开始；感情破裂，我们可以反思自身存在的问题，提升自己的情商，寻求更合适的人；创业失败，我们可以分析市场需求和自身的能力，重新规划，再次出发。

那么，我们如何才能学会归零思考呢？

（1）我们要做到正视失败，接受它是生活的一部分。逃避或否认失败是不能解决问题的，只有勇敢地面对失败，分析失败的原因，了解失败的根源，我们才能更好地从中吸取教训。

（2）我们要学会放下，不要让失败成为心中的负担，不要一直纠结于过去。过去的已经过去，无法改变，我们能做的就是把握现在、创造未来。我们可以通过运动、与朋友倾诉等方式，释放内心的压力和负面情绪，让心灵得到解脱。

（3）我们要保持积极的心态，相信自己有能力从失败中走出来，相信未来会更好。可以用积极的自我暗示来取代消极的想法。比如，“这次虽然失败了，但是我学到了很多，下次一定能做得更好”。

（4）在归零思考的基础上，我们还要为自己拟订清晰、可行的目标和计划，扎扎实实、一步一个脚印地去实现。不要小看每一个小成功，它能增强我们的自信心，让我们更加坚定地走向未来。

39. 逆向思考，掌握以反求正的智慧

在生活的舞台上，我们常常习惯于沿着常规的路径进行思考和行动，然而，有时候真正的智慧却隐藏在逆向思维之中。

逆向思维，是一种打破常规、以反求正的思考方式。当大家都朝着一个固定的思维方向思考问题时，你却独自朝相反的方向思考，找到出人意料却又行之有效的解决方案。

在现实中，人们习惯于沿着事物发展的正方向去思考问题并寻求解决办法。然而，对于某些问题，尤其是一些特殊问题，从结论往回推，反过来思考，也就是从求解回到已知条件，反而会使问题简单化。

战国时期，魏国军队围攻赵国都城邯郸。形势危急，赵国赶紧派使者向齐国求救。齐国派田忌、孙膑救赵，但是齐国军队并未直奔邯郸与魏军正面交锋，而是进攻魏国的都城大梁。孙膑认为，魏国的精锐部队都在攻打赵国，国内一定防务空虚。一旦大梁受到威胁，魏军必然会回师救援，这样一来，邯郸之围便能不攻自破。齐国军队按照孙膑的计策展开行动，果然，魏军得知大梁危急，急忙从邯郸撤军回救大梁。齐军在魏军回师途中设下埋伏，以逸待劳，最终大败魏军。

这个案例充分展示了逆向思维的强大力量。孙膑没有被眼前的困境所束缚，也没有盲目地按照常规进行作战，而是从相反的角度去思考问题，找到了敌人的弱点，从而实现了以反求正的战略目标。

在现代社会中，逆向思维同样具有重要的应用价值。比如，在传统的酒店行业，通常是先建设酒店，然后通过各种营销手段吸引顾客入住。然而，在互联网时代，一些新兴的共享住宿平台则采用了逆向思维。这些平台没有大规模地建设自己的酒店，而是利用互联网技术，将闲置的房屋资源整合起来，提供给有住宿需求的人。这种运营模式也运用了逆向思维。

我们需要注意的是，逆向思维并非对传统思维的简单否定，而是在传统思维基础上进行的一种创新和突破。它要求我们敢于跳出固有的思维框架，从相反的方向思考问题，从而发现被忽视的机会和隐藏的潜力。

然而，逆向思维作为一种创新的思维方式，要培养和运用它并非易事，需要我们通过以下步骤和方法来实现。

（1）我们要学会重新审视问题本身。有时，我们会陷入固定模式的思考，忽略了问题的本质和可能出现的变化。因此，为了培养逆向思维，我们需要学会重新审视问题，提出不同的假设和观点。

（2）我们要学会从结果或目标出发，逆向思考问题的前因后果。

（3）我们可以通过设想最坏情况，预见潜在的问题和风险，从而提前制订解决方案。

（4）我们面对问题时，应该勇于提出不同的观点和假设，并寻找新的解决方案。通过打破常规思维的束缚，我们能够拓展思维的边界，发现更多可能性。

（5）我们应该积极获取各种知识和信息，扩大视野，了解不同领域的发展趋势。只有通过拓宽视野，我们才能掌握各领域的思维模式和方法，并将其应用于解决问题，从而产生创新的思考方式。

（6）我们应该主动寻找新的学习和工作机会，向他人请教，汲取新的灵感和思维方式。

（7）我们应该注重实践，将逆向思维不断应用于实际问题，并及时总结经验和教训。通过实践和经验总结，不断调整和改进自己的思维方式，提升逆向思维的效果。

（8）我们可以通过阅读、思考、“头脑风暴”等方式来激发自己的创造力，提高逆向思维的能力。

40. 反思与总结，不断优化思维的分寸

在快节奏的现代社会生活中，我们常常陷入一种机械的行动循环中，很少有时间停下来反思和总结自己的行为是否正确。学会自我反思和总结是一项重要的能力，它能帮助我们不断优化自己的思维，变得更加成熟和睿智。

反思，是对过去经历的回顾和思考，是自我审视的过程；总结，则是从反思中提炼出有价值的经验和教训，是对过去的归纳和升华。通过反思与总结，我们能够清晰地看到自己的优点和不足，了解哪些行为和决策是有效的，哪些是需要在以后改进的。

同时，在反思与总结时，我们会以一种更加客观和理性的视角看待自己的生活。比如，我们不再盲目跟随潮流，而是能够静下心来，思考自己真正的需求和下一步的目标。

反思与总结可以帮助我们更好地理解事物的本质。在面对复杂问题时，我们往往只看到表面现象，而缺少对深层次问题的探究。通过反思，我们可以挖掘出问题的本质，从而找到更有效的解决方案。

反思与总结是提升自我能力的重要途径。工作中的每一次经历，无论成功还是失败，都是一次学习的机会。成功时，我们总结成功的经验，以便在以后继续坚持；失败时，我们进行深刻反思，总结失败的教训，以避免重蹈覆辙。这种从经验中学习的过程，能够让我们不断提升能力，思维

更加成熟，在处理问题时更加应对自如。

早期的乔布斯是一个性格固执、管理风格强硬的人。这样的作风导致乔布斯与公司董事会产生了严重的分歧，最终被自己创立的公司驱逐。这段痛苦的经历对乔布斯来说是一次沉重的打击，但他并没有因此而一蹶不振。

在离开苹果的日子里，乔布斯进行了深刻的反思与总结。他找到了自己存在的问题，开始调整自己的心态和处世方式。经过多年的沉淀和积累，乔布斯带着更加成熟的思维和全新的理念重回苹果。乔布斯总结了之前在产品设计和市场推广方面的经验教训，推出了一系列具有划时代意义的产品，带领苹果公司走向了前所未有的辉煌。

乔布斯的经历告诉我们，反思与总结能够让人在挫折中崛起，实现自我超越。如果乔布斯没有对那段痛苦的经历进行反思与总结，或许他就不会重新回到苹果公司。

在日常生活中，我们应养成反思与总结的习惯。每天结束时，可以花一些时间回顾一天的经历，思考自己在与人交往、工作、学习中的表现，哪些做得好可以继续保持，哪些不足需要改进。定期对阶段性目标进行总结，评估自己是否朝着正确的方向前进、是否需要调整策略。

此外，反思与总结不仅局限于个人层面。团队、组织甚至整个社会都可以通过反思与总结来不断进步。当团队完成一个项目后，可以召开总结会议，成员们一起分享经验和教训，为今后的项目提供参考；企业也可以通过对市场趋势和竞争对手的分析，反思自身的战略和产品，不断优化经营策略。

总之，反思与总结是我们成长和进步的重要工具。只有通过不断反思过去、总结经验，我们才能不断优化思维，提升自己的能力和素质。

第五章

交往的分寸：把握边界，不失体面

41. “刺猬效应”：再亲密的关系，也需要距离

无论是父母与子女之间、恋人之间，还是朋友之间，都需要保持一定的距离。如果彼此过于亲密，失去了分寸，甚至侵入对方的生活，就会造成严重的心理压力，也会影响彼此之间的感情。

这种现象可以用心理学的“刺猬效应”来解释。这个效应源自一则古老的寓言：冬季天寒地冻，两只刺猬不得不紧紧依偎在一起取暖。但它们身上长满了又短又密的刺，常常将对方刺得鲜血淋漓、疼痛难忍。于是，它们不得不稍微拉开距离，这样既达到了取暖的目的，又不会互相伤害。

“刺猬效应”揭示了人际关系中普遍存在的心理学规律。从科学的角度来看，人际关系中的距离感是一种心理需求，涉及个人的边界感、安全感和自我认同感等多个方面。适当的距离有助于保护个人的隐私和尊严，能促进彼此关系的健康和持久。相反，距离过近会对彼此关系造成破坏性的影响。

《凡·高传》中讲述过这样一段令人叹息的往事：凡·梵高在巴黎结识了同样传奇的艺术家高更，两人惺惺相惜，成为知己。

两人分开后，凡·高十分想念高更，写信劝他搬到自己所在的南部小镇。高更接到信件后欣然同意。之后，凡·高花了不少心思为高更布置卧室，还亲手绘制了一幅《向日葵》作为装饰。

高更到来后，凡·高仿佛失去了自我，整天围着好朋友转，对他嘘寒

问暖，生怕他在生活上有一丝不适。

最初，他们两人相处得还算和谐，但随着时间的推移，高更逐渐受不了凡·高的过度热情，不愿意二人每时每刻都待在一起。在高更看来，这段关系让自己毫无隐私，也极不安全。因此，他对凡·高不再如开始时那般热情，而是越来越冷漠。

高更的态度让凡·高十分沮丧和痛苦，他无法控制自己的情绪，与高更发生了激烈的争执。没过多久，高更毫不犹豫地选择了离开。一对曾经的好友就这样变成了不再来往的陌路人。

凡·高与高更之间的友谊之所以走到尽头，主要原因在于凡·高没有把握好分寸感，导致最基本的私人空间都无法保留。

我们不妨来想象一下，当凡·高以“关心”的名义肆无忌惮地侵入高更的生活时，高更会有怎样的心理感受：他会觉得不安全、不舒服，还会感到紧张、焦虑、烦恼、恐惧，甚至会对凡·高产生敌意。

在生活中，因为过度亲密而濒临崩溃的关系不计其数。想要有所改变，我们就要从“分寸之道”和“刺猬效应”出发，注意以下几点。

（1）把握好物理空间的“安全距离”。心理学中有“安全距离”的概念，指的是在日常交往和相处时，需要根据关系的远近程度保持合理的空间距离，这样才能避免产生心理压力和多种负面情绪。

具体来看，美国人类学家爱德华·霍尔将“安全距离”划分为四种：

①亲密距离：这是我们与亲人、爱人、密友之间保持的距离，可以不超过45厘米。在这个距离里，双方可以敞开心扉，谈论一些彼此都很熟悉的话题，也可以交流一些私人问题。当然，保持亲密距离也应有时间限制——即使是再亲密的朋友、再相爱的情侣，也不宜整日黏在一起，而应当尊重和保留彼此的个人空间，这样才能给情感一些“保鲜”的机会，不至于像凡·高和高更那样，很快就出现“两看相厌”的结局。

②个人距离：这是我们与一些较为熟悉的同事、朋友交流时可以保持的距离（适用于非正式场合），一般在45 ~ 120厘米。采用这样的空间距离进行交往，双方会觉得更加放松、舒适，便于进行开诚布公的交流。

③社交距离：这是在平日工作、社交等较为正式的场合，与关系一般的同事、上级、客人等采用的距离，一般在120 ~ 370厘米。在这个距离内，人们可以互相交流，不会对彼此造成干扰。

④公共距离：这是人们在公共场合与陌生人保持的距离，一般在370 ~ 760厘米或更远。也就是说，关系完全陌生的人进行交流时，保持3米以上的距离是比较合适的，这样既能保证双方可以互相听清、看清，也不会造成个人空间的互相侵犯。

（2）把握好无形的“心理距离”。除了物理空间上的距离，我们还应当关注和调整无形的“心理距离”。这是一种环绕在个体周围的抽象范围，尽管肉眼无法看清它的边界，但它却是真实存在的，同样需要我们的尊重和保护。

因此，在与他人相处时，我们要时刻关注心理距离。比如，我们可以尝试接受和支持朋友、爱人、子女的一些选择，而不要试图支配他们；遇到问题时，我们可以与之心平气和地沟通，而不是气势汹汹地盘问。

与此同时，我们也要避免像凡·高那样把对方视为自己世界的中心。在相处时，要学会转移自己的注意力，避免给对方带来过多的心理压力。

（3）尊重对方的感受和意愿。由于家庭教育、成长环境和人生经历各不相同，每个人对人与事物的感知也会有所差异。因此，我们不要习惯性地“以己度人”，而应当充分尊重对方的感受和意愿。特别要注意的是，不能认为自己的出发点是好的，就想当然地认为这一定是对方所需要的。这在心理学上属于“相同投射”的范畴，指的是将自己的感受投射到对方身上，认为对方的思维和自己一模一样。

凡·高犯的错误在于他完全没有尊重高更的真实感受，而是一厢情愿地示好，显得很没有分寸，结果只会引起对方的反感。

由此可见，在一段亲密关系中，我们一定要把握好分寸：既不能过分疏远对方，以免让对方产生被忽视的感觉；也不能过分侵入对方的生活，更不能以爱或关心为名去束缚对方。只有保持一种有分寸的亲密感，努力找到既能取暖又不会相互伤害的适当距离，才能在人际关系中收获更多的温暖和幸福。

42. 熟而不逾矩，警惕“超限效应”

在人际交往中，我们常常面临一个微妙的平衡：如何在亲近和熟悉的关系中保持应有的分寸和规矩，同时避免因过度而引发“超限效应”。

“熟而不逾矩”意味着即使与他人关系亲密，我们也要懂得尊重他人的边界和原则，不能因为熟悉而放纵自己的行为或言语。这种分寸感的把握对于维持良好的人际关系至关重要。

在现实社会中，当我们与亲朋好友相处时，往往会因为情感深厚而放松警惕，认为对方会包容我们的任何行为。然而，任何一方行为过度随意和越界时，就可能在不知不觉中伤害另一方的感情，破坏原本和谐的关系。

东汉末年的许攸曾是曹操的旧友。在曹操与袁绍的官渡之战中，许攸临阵倒戈，为曹操提供了关键的情报，帮助曹操取得了胜利。战后，许攸自恃功高，在与曹操相处时渐渐失去了分寸。据说许攸曾在一次公开的宴会上直呼曹操的小名，并说没有他的帮助，曹操是无法得到冀州的。曹操勉强一笑说，许攸说得对。实际上，曹操心中已经很不高兴了。后来许攸越发肆无忌惮。最终，曹操下令将许攸处死。

许攸的悲剧正是因为他在与曹操的关系中熟而不拘，失去了分寸。许攸错误地认为自己与曹操是旧友，有很深的情谊，可以让他超越一切规矩和礼仪，却没有意识到曹操作为一方霸主，有着自己的权威和底线。即使是曾经的好友，一旦触碰了这些底线，也难以被容忍。

这个案例给了我们深刻的警示。在生活中，无论是面对亲人、朋友，还是同事，我们都不能因为与对方关系亲密而忽视应有的尊重和规矩。

放纵行为过多、过强或作用时间过长，一旦超越对方的心理承受限度，必然会引起对方极度不耐烦或逆反的心理现象，这就是“超限效应”。比如，父母与子女间，因为父母关心子女，过于唠叨和管束，起初孩子可能会感受到爱意，但随着时间的推移，这种过度的关注会变成一种压力和束缚，导致孩子产生反感和逃避的心理。同样，在朋友之间，频繁地向对方求助或倾诉，而不考虑对方的感受，也可能会让朋友感到疲惫和厌倦。

要避免熟而逾矩和“超限效应”，我们需要做到以下两点。

一是培养自我约束和换位思考的能力。在与他人交往时，我们不仅要时刻提醒自己注意言行举止，尊重对方的个人空间和选择，还要学会站在对方的角度去思考问题，感受他们的情绪和需求。

当我们想要表达自己的意见或情感时，应选择恰当的方式和时机，避免给对方造成不必要的困扰。

二是当我们觉得与对方的关系可能出现越界的迹象时，要及时进行交流，坦诚相待，共同探讨如何调整相处方式，以保持关系的稳定。通过有效的沟通，我们可以更好地理解彼此的期望和边界，从而避免因误解而产生矛盾和冲突。

总之，熟而不逾矩，警惕“超限效应”是我们在人际交往中应当始终牢记的原则。只有这样，我们才能在各种关系中游刃有余，收获真挚的情感和良好的人际关系。

43. 给予与索取：平衡付出与回报

给予与索取如同天平的两端，只有达到平衡，才能让我们的生活和谐美好。正确处理好给予和索取的关系，对于个人的成长、良好的人际关系的建立及社会的和谐发展都具有深远的意义。

给予是一种无私的奉献，是将我们拥有的物质、情感或知识等传递给他人。给予是一种善良、仁爱和同情心的主动表达，不期望立即得到同等的回报。

索取，是从他人或环境中获取自己所需的东西，以满足自身的需求和欲望。在理想的状态下，给予和索取应该相互协调，形成一种付出与回报的动态平衡。

在战国时期，孟尝君以广纳门客而闻名。他给予门客们丰厚的待遇和特别的尊重。孟尝君的门客中有一个叫冯谖的人，一直表现平平，却时常提出一些无理的要求。孟尝君都一一满足了他的要求。

冯谖虽然向孟尝君索取了不少待遇，却也为孟尝君效力颇多。例如，他通过“薛国市义”和营造“三窟”等为孟尝君提高了个人威望，解除了危机。

在这个案例中，体现了给予与索取的平衡之道。

孟尝君的给予并非盲目，而是基于他对人才的重视和长远的谋划。他明白，通过提供门客们所需的物质和尊重，能够吸引更多的人为自己效力。而冯谖的索取，在一定程度上也是对孟尝君诚意的考验。当孟尝君在给予中展现出真正的胸怀和信任时，冯谖最终以出色的回报平衡了之前的索取。

但是在现实生活中，许多人往往会陷入给予与索取的失衡状态。有些人会过度索取，只关注自己的利益和需求，将他人的付出视为理所当然。这种行为会导致他人的疏远和自身被孤立。

相反，也有一些人过度付出，完全忽略了自己的需求和利益。总是为了满足他人的索取而牺牲自己的利益，长此以往，可能会导致自己身心疲惫和内心的不满。

那么，如何才能实现给予与索取的平衡呢？

（1）我们要树立正确的价值观，认识到每个人都有在社会中既给予又索取的权利和义务，两者缺一不可。我们应当尊重自己的价值和需求，同时也要尊重他人的付出和努力。

（2）我们要学会换位思考。在与他人交往时，应站在对方的角度思考问题，理解他们给予和索取的动机与需求。换位思考能够帮助我们更好地把握分寸，避免过度地给予或索取。

（3）在人际关系中，我们要坦诚地表达自己的需求和期望，同时也倾听他人的想法和感受。通过有效的沟通，我们可以协商如何实现双方的利益平衡，实现共赢的局面。

（4）我们还需要不断地自我反思和调整，定期回顾自己在给予和索取方面的行为表现，看看是否存在失衡的情况，并及时做出调整和改进。

总之，给予与索取是人生中不可或缺的两个方面，只有在两者之间找到平衡，我们才能保持人际关系的良好发展，在社会中实现自身的价值。正如孟尝君和冯谖的故事所展示的那样，恰当的给予能够激发他人的回报，而合理的索取也可以成为检验真诚的试金石。我们在生活中要用心去体会、去实践，以实现给予与索取的完美平衡，书写更加精彩的人生篇章。

44. 别被“自己人效应”拖累

在人际交往中，有一种现象被称为“自己人效应”，指的是人们在相互交往的过程中，如果双方关系良好，一方就更容易接受另一方的观点和立场，甚至更容易顺从其提出的要求。

“自己人效应”在很多情况下会让我们感到亲近和舒适。当我们与被视为“自己人”的同伴在一起时，会有一种归属感和安全感，交流往往也更加顺畅、和谐和自然。但这种效应并非总是带来积极的结果。如果我们不能正确应对和处理这种效应，它很可能会拖累我们，给我们的生活和工作带来许多不利影响。

在一个工作团队中，詹姆斯和赖恩因为性格相投，很快成为关系密切的“自己人”。在工作时，他们总是互相偏袒，为对方争取更大的利益，而对于其他同事的合理建议和工作安排，却常常持有抵触情绪。久而久之，团队的其他成员对他们产生了不满情绪，团队的凝聚力和工作效率也因此受到了严重影响。

詹姆斯和赖恩原本以为这种“自己人”的关系能够让他们在工作中更加轻松愉快，却没想到，过度依赖这种关系反而拖累了整个团队，也损害了他们在他人心中的形象。

在商业领域，“自己人效应”也会带来一系列不利影响。

某公司的采购经理老张与一家供应商的销售代表老陈私交甚好。在采购过程中，老张常常因为与老陈的“自己人”关系，在价格、质量等方面对其产品放宽标准，甚至忽视了公司的利益。最终，公司发现了这一问题，老张不仅受到了严厉的处罚，还失去了同事和上级的信任。

老张原本以为与老陈的关系能够给自己带来一些便利和好处，却没想到被这种“自己人效应”迷惑，做出了错误的决策。如果决策者仅仅基于“自己人效应”来选择信息和建议，可能会忽略重要的外部信息和不同角度的观点，从而导致决策失误。

案例充分说明，如果我们不能正确对待“自己人效应”，就很容易陷入狭隘的小圈子，忽视整体利益和公平原则，从而给自己和周围的人带来损失。

那么，如何才能避免被“自己人效应”拖累呢？

（1）我们要保持清醒的头脑和客观的判断，学会从全局的角度出发，综合考虑各种因素，做出公正、合理的决策。尤其在面对与“自己人”相关的事务时，更不能因为情感上的亲近而失去理性。

（2）我们要明确自己的行为准则和责任义务，不能因为“自己人”的关系而违背道德和违反法律。只有坚守原则和底线，才能使我们避免在“自己人效应”的影响下迷失方向。

（3）我们要积极扩大自己的社交圈子，尽量避免过度依赖某一小群“自己人”。通过与不同背景、不同观点的人交流合作，可以更加开阔视野，减少因“自己人效应”而产生的偏见和局限性。

（4）我们要不断地自我反思和自我监督，定期审视自己的行为和决策是否受到了“自己人效应”的不当影响。

在当今社会，人际关系复杂多样，“自己人效应”无处不在。只有我们充分认识到它的潜在风险，并采取有效措施加以应对，才能避免被其拖累，实现个人的健康发展和社会的公平正义。

45. 慎重“自我暴露”，守护好隐私边界

心理学家经过研究发现，追求完美的人会让人感受到无形的压力，给人一种虚伪、做作的印象。而一个适度“自我暴露”的人，不但不会惹人厌烦，反而会给人真实可信、容易亲近的感觉。

简单来说，“自我暴露”就是向他人分享自己的想法、感受、经历和秘密。适度的“自我暴露”可以增进彼此的了解和信任，拉近人与人之间的距离。然而，一旦失去控制，就可能引发一系列问题。

晓洁是一名刚刚踏入职场的新人，她性格开朗，善于结交朋友。在一次团队聚餐中，晓洁喝了些酒，一时兴起开始向同事们倾诉自己的私人生活，包括与现任男友的感情纠葛以及一些心理问题。当时，同事们都表达了关心和同情。

然而，随着时间的推移，晓洁发现情况越来越不对劲。同事们在与她相处时，开始表现出一种异样的眼神，交流也变得有些尴尬。更糟糕的是，关于她的私人问题开始在公司里流传，甚至传到了领导的耳朵里。这让晓洁感到无比尴尬和困扰，她的工作积极性受到了严重影响，与同事的关系也变得紧张起来。

这个例子说明过度“自我暴露”会给自己带来负面影响。通过这个案例，我们可以深刻认识到，在人际交往中，绝不能毫无保留地将自己的一切暴露给他人，即使是面对最亲密的朋友也要有所保留。因此，我们需要

谨慎把握“自我暴露”的程度，守护好个人的隐私边界。

那么，为什么要慎重“自我暴露”并守护好隐私边界呢？

首先，保护个人隐私有助于维护我们的自尊和自信。如果隐私被随意暴露，可能会让我们感到自己被“剥光”了，从而降低自我价值感。

其次，守护好隐私边界可以避免被他人利用或伤害。在复杂的社会环境中，不是每个人都值得信任的。过度的“自我暴露”可能会给心怀不轨的人提供可乘之机，从而对我们的生活、工作或情感造成威胁。

最后，慎重“自我暴露”有助于保持人际关系的健康和稳定。适度的神秘感可以增加我们的个人吸引力，使他人对我们保持持续的关注和兴趣。

那么，如何才能做到慎重“自我暴露”并守护好隐私边界呢？

（1）我们要增强自我意识，清楚地了解自己的内心感受和需求，知道哪些是可以分享的，哪些是需要深藏心底的。同时，在与他人交流时，我们要时刻保持清醒的头脑，不被情绪所左右。

（2）我们要善于观察交往对象，判断对方是否值得信任、是否能够保守我们的秘密。对于那些不太熟悉或者口碑不佳的人，不要分享个人隐私。

（3）我们需要掌握一些控制“自我暴露”程度和节奏的技巧。比如，在与他人交往时，可以从一些相对轻松、无关紧要的话题开始，随着关系的深入逐渐增加个人信息的深度和广度。但一定要保持底线，避免把自己的所有秘密都透露出来。

（4）当感觉到话题逐渐涉及自己不愿意暴露的隐私时，我们应巧妙地转移话题，及时将话题引向其他方向，避免陷入尴尬境地。

（5）我们在网络上的言论和分享需要格外谨慎。在数字化时代，隐私保护变得越来越困难和重要，社交媒体使我们的个人信息更容易被传播和曝光。一旦发布，就可能难以收回。

比如，有些人喜欢在微信朋友圈晒自己的生活点滴，包括旅行照片、美食和家庭活动等信息。这些都可能会被不法分子利用，从事违法活动。还有些人在网络上倾诉自己的情感问题或工作中的烦恼，却没有意识到这些信息可能会被同事、上司或竞争对手看到，从而给自己带来麻烦。

总之，慎重进行“自我暴露”，守护好隐私边界，是我们在人际交往和社会生活中必须掌握的技能。只有这样，我们才能在保护自己的同时，与他人建立健康、和谐和有意义的关系。

46. 折中应对法：折中并不代表懦弱

当我们与他人产生观点分歧、利益冲突时，应该如何处理呢？折中应对法有时是一种有效的策略。

折中应对法是一种在面对复杂问题或冲突时，通过双方或多方之间的沟通、协商和妥协，寻求一种各方都能接受的解决方案的策略。这种策略不仅是一种解决问题的方法，也是平衡各方利益、化解冲突和促进合作的重要手段。

有一种观点认为，折中是一种懦弱的表现，是对自己立场的不坚定和对他人的过度妥协。其实，这种看法是片面且不准确的。在我们与人交往时，折中并不代表懦弱，反而是一种智慧，是一种成熟的处世之道。

折中的本质并非毫无原则的退让，而是在尊重他人观点和自身立场的基础上，寻求一种平衡与共识。当我们在与人交往中选择折中时，展现出的是对他人的尊重。因为我们每个人都有自己独特的经历、价值观和思维方式，对同一问题必然有不同的看法。如果我们一味地坚持自己的观点，排斥他人的想法，必然会引发冲突和矛盾。通过折中，我们承认并接纳他人的观点，并努力在不同的观点中找到共同点，从而促进和谐的人际关系。这种尊重他人的态度并非懦弱的表现，反而是一种强大内心力量的体现，它让我们超越自我，以更广阔的视角看待世界。

同时，折中也是一种解决问题的有效策略。当我们面对一些问题和分歧时，往往没有绝对的对与错，只有不同的利益诉求。如果双方都固执己见，互不相让，问题将无法得到解决，最终只能导致双输的结果。而通过折中的方式，双方都做出一定的让步，就有可能找到一个双方都能接受的解决方案，实现共赢的局面。由此可见，折中应对法是一种积极应对挑战的态度，而非懦弱的逃避。

在团队协作中，妥协的重要性不言而喻。一个团队的成员性格各异、能力不同，在出现意见分歧时，如果每个人都不肯妥协，都认为自己的方案是最好的，那么团队将陷入无休止的争论和内耗之中。相反，如果每个人都能从团队的整体利益出发，放下个人的成见，采取妥协的方法整合各方意见，就能形成强大的合力。

然而，需要我们明确的是，折中并不意味着我们无底线地迎合和牺牲。在一些原则性问题上，我们必须坚定自己的立场，不能轻易妥协。比如，涉及道德、法律和正义的问题，我们应当坚守底线，维护社会的秩序和个人的尊严。

折中还需要我们具备敏锐的洞察力，能够清晰地理解各方的需求和关注点；同时，也需要有良好的沟通能力，将我们的想法有效地传达给他人，并倾听他人的反馈。这种交流和理解，是达成折中的关键。

此外，折中的过程也是我们自我成长和完善的过程。当我们理解他人的观点，并对自己的想法进行调整时，不仅拓宽了思维的边界，还丰富了自己的认知。这种不断学习和改进的态度，不仅能够使我们更好地适应社会的变化和发展，还可以提升我们的人际交往能力和解决问题的能力。

47. “热心”有分寸，不做没有原则的“取悦者”

在人际交往中，热心是一种珍贵的品质，它能拉近我们与他人之间的距离。然而，我们在付出热心时需要把握分寸。过度热心可能会使我们变成没有原则地取悦他人的人，使我们失去自我，甚至给自身带来伤害。

热心意味着对他人的关心和帮助，是出于真心的善意和关怀。比如，在朋友情绪低落时，我们耐心倾听他们的烦恼，给予安慰和建议；在同事工作遇到瓶颈时，我们分享自己的经验和资源，帮助对方解决问题。我们的热心举动不仅能让对方感受到温暖，也能增进彼此之间的感情，营造轻松愉悦的人际氛围。

但是，热心一旦失去分寸，就可能变质为没有原则的取悦。没有原则地取悦他人，会导致我们因为过度关注他人的需求和感受，而陷入焦虑的泥沼。我们害怕拒绝他人，担心因为自己的拒绝而引起他人的不满或失望，于是无条件地满足他人的要求。这不仅占用了我们过多的时间和精力，甚至会损害我们自身的利益。

没有原则地取悦他人，会使我们缺乏自我认同和自我价值感。如果我们将自己的价值建立在他人的认可上，认为只有不断迎合才能获得他人的喜爱和尊重，这是一种不健康的心态。长此以往，我们会逐渐失去自我，变得随波逐流，无法坚守自己的原则和底线。

没有原则地取悦他人，还可能导致我们的人际关系失衡。热心应该是相互平等的，如果总是一方无条件地付出和迎合，而另一方只是接受和索取，那么这种热心就没有建立在平等和尊重的基础上，而是一种畸形的热心。久而久之，付出的一方会感到疲惫和委屈，而索取的一方可能会变得更加贪婪和自私。

那么，我们如何才能做到热心有分寸，避免成为没有原则的取悦者呢？

（1）我们要建立清晰的自我认知和价值观，明确什么是对我们最重要的，什么是不可逾越的原则。只有具备清晰的立场，才能在面对他人要求时做出准确的判断，并做出正确的选择。

（2）我们要学会拒绝他人超出合理范围的索取。当我们的热心付出可能超出我们的能力范围或违背我们的原则时，我们要有勇气说“不”。当然，我们要讲究拒绝的方式，让对方明白并不是因为我们的吝啬或对他们的不尊重，而是因为我们有自己的考量。拒绝是一种勇气，也是一种能力。

（3）我们在与人交往的过程中，要时刻留意自己的情绪变化和感受。如果为了满足他人的需求而让自己感到压抑、焦虑或疲惫，那么，这种热心行为有可能已经失去了分寸。学会照顾自己的感受，是保持心理健康和人际关系平衡的重要前提。

（4）我们也要学会区分真正的需求和不合理的要求。有些人可能会利用我们的热心，提出一些不合理的请求。对于这种情况，我们要保持清醒，坚持自己的判断，不被他人操控。

（5）我们在与他人交往时，要尊重彼此的独立性和个性，既给予对方关心和帮助，也接受对方的拒绝和不同意见。只有建立在相互尊重和理解基础上的关系，才能长久而稳定。

总之，热心是一种美好的品质，但我们要让它有分寸，不做没有原则的取悦者，真正实现自我价值，拥有和谐的人际关系。

48. 不做“老好人”：理性、恰当地表露不满

在与人交往中，为了维持和谐的关系，我们常常被教导要友善、包容和随和。然而，过度追求这种“好人”形象，会使我们感到压抑，无法表达自己的真实感受，成为一个不敢表露不满的“老好人”。

“老好人”通常是指那些过度关注他人需求和感受，总是迎合他人而忽视自己内心的声音，即使内心不满也不敢表达的人。心理学研究表明，“老好人”的行为模式主要源于对他人认可的过度渴望、害怕被拒绝或批评以及缺乏自信等因素。

成为“老好人”往往会给我们带来一系列问题。首先，随着内心的不满和压抑日益积累，会导致情绪压力不断增大，引发焦虑、抑郁等心理问题。其次，由于我们不敢真实表达自己的想法和需求，可能会在工作和生活中失去很多机会，无法实现自己的目标。最后，在人际关系中，我们一味地迎合和妥协，不一定能赢得真正的尊重和深厚的友谊，反而可能让他人觉得你的付出是理所当然的。

久而久之，这种“老好人”行为不仅会损害我们自身的利益，浪费情感，还可能影响到人际关系的真实性。因此，我们要学会理性且恰当地表露不满。理性且恰当地表露不满，不仅能够让我们维护自己的权益和尊严，还能够促进人际关系的健康发展。当我们真诚地表达自己的感受时，也为对方提供了一个了解我们的机会，有助于增进彼此的理解和信任。

在工作中，理性地表达不满可以让同事清楚我们的工作原则和底线，避免过度的任务分配和不合理的要求。比如，我们可以对领导说："领导，我非常理解这个任务的重要性，但是目前我手头的工作有点紧张，为了保证质量，我担心无法按时完成新任务。是否可以重新考虑一下任务的分配？"这样的表达既体现了我们的责任心，又让领导了解到我们的实际困难。

在家庭关系中，恰当地表达不满可以避免矛盾的积累和爆发。比如，我们想让爱人多做一些家务，可以这样说："亲爱的，我最近工作也挺累的，每次回到家看到家里这么乱，我感到很不舒服。我希望我们能一起分担家务，让家里更加整洁卫生。"这种沟通方式能让对方感受到我们的关心和期望，而不应一味地指责。

在朋友之间，真实地表达不满可以加深友谊。比如，朋友总是迟到，我们总要等很久，我们可以对朋友说："每次等你我都很着急，这让我觉得自己的时间不值钱，希望你以后能尽量准时一点。"朋友可能会因为我们的坦诚而更加注意自己的行为，友谊也会更加牢固。

那么，我们应该如何去做呢？

（1）我们需要先认识并接纳自己的情绪。当我们感到不满时，不要急于否定或压抑这种情绪，而是停下来，问问自己，为什么会有这样的感受，是对方的行为侵犯了我们的权益，还是违背了我们的价值观？只要清晰地了解情绪的来源，就能更好地表达出自己的意愿。

（2）我们要选择合适的时机和场合来表达不满。在对方情绪激动时表达不满，往往难以达到良好的效果，甚至可能引发双方的冲突。如果我们在一个相对安静、双方都比较冷静和放松的时机，以平和的语气与对方交流，效果则可能事半功倍。

（3）我们要运用恰当的语言和方式表达不满，避免使用攻击性、指责性的语言。比如，我们可以多采用第一人称“我”来描述自己的感受和需求，不说“你总是这样，太让我生气了”，而是说“对此我感到很失望，我觉得我的努力没有任何效果”。这样的表达方式既能传达自己的不满，又能减少对方的抵触心理，有利于问题的解决。

（4）我们需要对对方提出具体的建议和期望。有时，仅仅表达不满是不够的，还需要明确告诉对方我们希望他怎么做，以避免类似情况再次发生。比如，“下次再提这样的要求时，能不能先和我商量一下，听听我的建议？”这样可以让对方清楚地知道你的诉求和态度。

（5）我们在表达不满的过程中，既要有坚定的态度，也要有一定的灵活性。坚定是为了让对方明白我们的立场和底线，而灵活则是为了给对方一个缓冲的机会，共同寻求一个双方都能接受的解决方案。

总之，理性恰当地表露不满是一种成熟、自信和负责任的行为。它让我们不再委屈自己，不再隐藏真实的情感，而是以一种积极、建设性的方式与他人互动。

49. 好面子要有度，别让好面子成累赘

适度的好面子可以维护自己的尊严和声誉。然而，当好面子超过一定限度时，它就可能变成一种累赘，阻碍我们的成长和发展。

生活中，有很多人总是活在好面子的羁绊之下。好面子不仅成了他们的人生软肋，也成了导致他们产生烦恼、焦虑、患得患失等负面情绪的罪魁祸首。过度好面子的人通常表现出盲目攀比、爱慕虚荣，总希望在物质或精神方面获得优越感，以此得到别人的羡慕和肯定。

曹伟是一个过分好面子的人。平时他比较健谈，这几天却愁容满面，一副郁郁寡欢的样子。通过询问，同事们才知道是因为买车的事情。曹伟手头有10万元，正在犹豫是贷款买辆B级车，还是让家人补贴一些，踏踏实实地买辆A级车。同事们都建议，对于普通家庭来说，买辆家用车就可以满足日常需求，太高档的车不仅开销很大，也没有必要。然而，曹伟并没有听从这个建议。

最终，曹伟还是贷款买了一辆B级车。这对于像他这样的普通工薪阶层来说，是一个不小的压力。"曹伟买车"成了同事们闲谈的中心话题。同事们都在"夸奖"他买了一辆好车，这给足了他面子，让他的虚荣心得到了极大的满足。然而，每月数千元的车贷，使得曹伟的生活一下子拮据起来。接下来很长一段时间，曹伟一直省吃俭用，经常说："我真的有些后悔了！"

曹伟为了在同事面前有面子，不切实际地选择了超出自己经济能力的汽车，虽然获得了一时的虚荣，但却给自己带来了长期的经济压力和生活困扰。他过分注重别人的看法和评价，为了所谓的面子而做出了不理智的决定。

在现实生活中，我们应该认识到，面子并不是生活的全部。我们不能仅仅为了让别人觉得好，而做出违背自己真实意愿和能力的事情。其实每个人都有自己的生活，谁会管你的事呢？你过得好与不好和别人又有多大的关系呢？太在意别人的眼光，活得实在是太压抑、太累了。

那么，我们如何改掉爱面子的毛病呢？

（1）我们要树立正确的价值观和消费观念，根据自己的实际情况和物质条件来规划生活。我们应该关注自己的成长和进步，努力提升自己的内在素质和能力，不应过度关注和嫉妒他人。

（2）我们要学会理性看待他人的评价和看法。别人的意见可以作为参考，但不能成为我们决策的唯一依据。我们要有自己的主见和判断力，明白什么对自己才是真正重要的。在适当的场合，我们要把握好面子的尺度，既能保持一定的自尊和自信，又能不让面子成为我们追求幸福的累赘。

《菜根谭》中有一个警句："岁月本长，而忙者自促；天地本宽，而鄙者自隘；风花雪月本闲，而扰攘者自冗。"意思是，岁月光阴原本是很悠长的，但是忙碌的人却觉得短促；天地之间原本很宽广，但是卑微的人却自己将其狭隘；风花雪月原本是安闲美好的，但是劳苦忧心的人自寻烦恼。

我们要摆脱面子的束缚，以平和的心态面对自己和他人，以更加真实、自在的姿态去面对生活。

50. 水至清则无鱼，对别人不要过于苛刻

“水至清则无鱼”这句古老的谚语蕴含着深刻的人生哲理。它提醒我们，在与人相处的过程中，不能过于追求完美、对他人要求过高，否则会导致人际关系的紧张和疏远。

在这个世界上，我们每个人都有自己的性格、价值观和行为准则。当我们与他人交往时，总是以自己的标准去衡量对方。如果对方的行为不符合我们的预期，就会产生不满和进行指责。这种过于苛刻的态度不仅会伤害他人，也会给自己带来无尽的烦恼。

首先，它会破坏人际关系。没有人愿意与一个总是挑刺、难以相处的人建立深厚的友谊或合作关系。其次，过于苛刻会抑制他人的积极性和创造力。当人们总是担心被批评和否定时，他们会变得小心翼翼，不敢尝试新的想法和方法，这对个人和团队的发展都是极为不利的。

在一个小镇上，有一个名叫李典的木匠。他的手艺非常精湛，对自己的作品要求也极高，每一件家具都要做到毫无瑕疵。李典的名声因此传遍了整个小镇，人们都对他的手艺赞不绝口，也有很多人前来向他学艺。然而，李典对他的徒弟却极其苛刻。每当徒弟在制作家具过程中出现一点小失误，李典就会大发雷霆，严厉地批评指责。久而久之，徒弟们在李典面前总是担心害怕，不敢独立去做，手艺不仅没有得到提高，还有很多人离他而去。最终，再也没有人愿意跟随李典学手艺了，他的手艺也因为无人

传承而逐渐被人们遗忘。

李典的故事让我们看到，过于苛刻不仅不能达到预期的效果，反而会适得其反。如果我们总是对别人吹毛求疵，别人必然会感到压抑和拘束，不敢在我们面前展现真实的自我。长此以往，我们很难与人建立起真正深厚且真诚的关系。

相反，如果我们能够以宽容和理解的心态对待他人，就会发现世界变得更加和谐和美好了。当我们不再纠结于别人的小毛病，而是关注他们的优点和努力时，我们会不断给予他们鼓励和支持，从而激发他们的潜力。这种积极的互动会形成一个良性循环，使我们与他人之间的关系更加融洽、合作更加顺利。

那么，我们应该如何避免对他人过于苛刻呢？

（1）我们要学会换位思考，在看待他人的行为和观点时，尝试站在对方的角度去看待事情。每个人都有自己的成长背景、思维方式和能力水平，我们不能用自己的标准去衡量一切。

（2）我们要培养包容的心态，学会接受差异、欣赏他人的独特之处，而不是强求别人和自己一致。世界是多元的，人与人之间存在差异是正常的。

（3）我们要善于发现他人的优点。当我们把注意力更多地放在发掘别人的优点上时，会更容易以积极的态度去对待他们，而不是一味地关注他们的缺点和不足。

（4）我们要学会控制自己的情绪，在面对他人的错误时，先冷静下来，再思考如何处理。

在与人交往时，要保持一颗宽容的心。当我们不再追求“水至清”，而是允许一些“杂质”的存在时，我们会发现人际关系变得更加和谐，生活也因此而更加美好。

第六章

竞争的分寸：适度博弈，和谐共赢

51. 以不争为争，莫能与之争

在纷繁复杂的世界中，人们往往会在名利、权势的追逐中迷失自我，陷入无休止的争斗。然而，有一种智慧叫作“以不争为争，莫能与之争”，为我们指引着一条与众不同的人生道路。

《道德经》中有“夫唯不争，故天下莫能与之争”的说法。意思是，因为他不与人相争，所以天下没有人能与他相争。

然而，我们这里的“以不争为争”并非消极避世、无所作为，而是一种超越表面竞争的处世哲学和智慧，即不刻意去争夺，反而可能获得更多或达到更高的境界。

汉高祖刘邦的妃子薄姬的一生很好地印证了“以不争为争，莫能与之争”的道理。

薄姬原是魏王豹的姬妾。后来刘邦见她容貌出众，将其招入后宫。但由于刘邦事务繁忙，且后宫姬妾众多，薄姬在被招入后宫一年多的时间里都未得到宠幸，她也并未争宠。

之后，薄姬在侍寝时对刘邦说前夜梦到苍龙盘踞在自己腹部，刘邦说此乃贵兆。随后，薄姬怀孕并生下刘恒。然而，薄姬并没有因此去争宠，依旧保持着不争的态度。

刘邦在分封各个儿子时，刘恒被封为代王，其封地代地相对较差，薄姬和刘恒母子并未去争。

在周勃、陈平消灭吕氏外戚势力之后，刘恒被迎立为皇帝，即汉文帝，一直与世无争的薄姬也成了皇太后。

薄姬在面对各种情况时，采取了明哲保身、与世无争的态度，没有刻意去争夺宠爱、地位和封地，却最终为儿子“争”来了皇位，自己也获得了尊贵的地位。薄姬的故事体现了“以不争为争”的智慧，在名利面前保持低调和谦逊，反而可能有意想不到的收获。

在现代社会中，“以不争为争”的智慧同样具有重要的意义。比如，在职场中，那些拥有长远眼光的人，往往是那些专注于提升自身能力，不刻意争斗的人。当机会来临时，他们凭借扎实的专业知识、优秀的工作业绩和良好的人际关系脱颖而出。

不争，可以使我们不再局限于眼前的得失，能够看到更长远的发展和更宏观的局面。这种全局观让我们在面对复杂情况时，能够做出更加明智的决策；不争，也让我们在竞争激烈的环境中，不会被焦虑和压力所困扰，能够以平和的心态应对各种挑战。

然而，要做到“以不争为争，莫能与之争”并非易事。这需要我们克服人性的弱点，不断地强大自己的内心。

首先，我们要树立正确的价值观。人生的真正意义不在于外在的物质和荣誉，而在于内心的充实和强大。我们只有明确了人生目标和价值取向，才能在面对诱惑时保持清醒的头脑。

其次，我们要学会忍耐和等待。不争并不意味着完全放弃努力，而是要求我们在追求目标的过程中保持耐心，不急于求成。我们应当明白，成功需要时间的积累和沉淀，只有经过岁月的磨砺，才能实现从量变到质变的飞跃。

最后，我们要善于反思和自我调节。在生活中，我们应克服争强好胜的心理，尽量避免受到外界的影响。当出现利益冲突时，我们要及时反思自己的行为和心态，调整情绪和行动。

总之，“以不争为争，莫能与之争”是一种高深的人生智慧，需要我们用一生去领悟和实践。当我们真正掌握了这一智慧，便能在纷争的世界中找到一片宁静，实现人生的辉煌与价值。

52. 给对方留点余地，避免两败俱伤

我们与他人产生冲突和分歧时，是针锋相对、互不相让，最终两败俱伤，还是以宽容和理解为主，给对方和自己都留些余地？答案显然是后者。给对方留些余地，并非软弱，而是一种智慧、一种胸怀，是走向和谐与成功的策略。

郭子仪是唐代的名将。宦官鱼朝恩曾多次陷害郭子仪，但郭子仪并未以牙还牙。有一次，鱼朝恩邀请郭子仪一同出游。郭子仪的部下都担心鱼朝恩会趁机谋害他，纷纷劝他不要去。然而，郭子仪只带了几个人前往。鱼朝恩见到郭子仪如此信任他，非常惊讶。郭子仪诚恳地说："我一直相信您不会加害于我，而且如果我因为躲避您而不去，可能会加深我们之间的误会。"郭子仪的宽容和大度让鱼朝恩感到羞愧，此后对郭子仪的态度有所改变。郭子仪通过给对方留余地的方式，以真诚和宽容化解了矛盾，避免了双方关系的进一步恶化，也维护了朝廷的稳定。

这个案例表明，在面对矛盾和冲突时，给对方留余地是一种智慧和胸怀的体现。它能够化解纷争，避免两败俱伤，实现和谐共处。

给对方留点余地，首先是对他人尊严的尊重。在社会中，我们每个人都渴望得到他人的认可和尊重。在冲突时，如果我们毫不留情地攻击对方，将其逼入绝境，无疑是在践踏他们的尊严，这必然在对方心中埋下仇恨的种子。相反，如果我们能够在表达自己观点的同时，考虑到对方的感受，

尊重他们的立场和想法，那么即使存在分歧，也能在一定程度上缓和紧张的气氛。

给对方留点余地，也是给自己留下退路。生活中充满变数，我们无法预知未来会发生什么。如果在处理问题时做得太绝，不给对方任何回旋的空间，那么当我们自己陷入困境时，也很难得到他人的帮助。正如“凡事留一线，日后好相见”所表达的，在人际交往中，给自己和他人都留一点余地，当遇到突发情况时，我们才有足够的空间来调整和应对。

给对方留点余地，有助于我们建立良好的人际关系。人与人之间的关系是相互的，我们如何对待他人，他人也会如何对待我们。这种良性的互动能够增进彼此之间的信任和理解，从而建立深厚的友谊与合作关系。

给对方留点余地，能够促进问题的解决。在面对冲突和矛盾时，如果我们继续火上浇油，只会让情况变得更加糟糕。如果我们能够冷静下来，给对方留点余地，让对方有机会表达自己的观点和诉求，那么就能更好地了解问题的本质，从而找到解决问题的方法。

然而，要做到给对方留点余地并非易事，需要我们做到以下几点。

（1）在冲突发生时，我们要学会控制自己的情绪，避免做出冲动、过激的行为。比如，当情绪即将失控时，可以进行深呼吸，使自己冷静下来，理智地思考问题。同时，我们还应不断提高心理素质，增强抗压能力，以平和的心态面对困难和挫折。

（2）我们要学会换位思考，站在对方的角度看待问题，理解对方的立场和想法，这样才能更好地与对方沟通和交流。只要能够设身处地地为对方着想，我们就会发现，许多原来不可调和的矛盾其实都有解决的办法。

（3）我们要用宽容大度的胸怀去面对生活中的一些不如意的人和事。

如果我们总是对某些人或事耿耿于怀，那么内心将永远无法平静。只有学会宽容和原谅，放下过去的恩怨，我们才能以乐观的态度去面对生活。

总之，给对方留点余地，是一种明智的选择，也是一种高尚的品德。我们在与人相处的过程中，要多一分理解，多一分尊重，共同创造一个美好、和谐的世界。

53. 多做换位思考，缓和剑拔弩张的场面

人与人之间的交往，不可避免地会出现摩擦和冲突。当矛盾激化，双方陷入剑拔弩张的局面时，换位思考将是一种很好的解决办法。

换位思考，顾名思义，就是站在他人的角度去思考问题，理解他人的感受和立场。这虽然是一个简单的理念，却具有化解冲突、促进和谐的巨大能量。

当我们与他人剑拔弩张时，大家都充满了紧张和不安，情绪往往处于失控的边缘，言辞激烈，甚至行为冲动。比如，父母与子女因为观念的差异或沟通不畅，在某个问题上产生激烈的争吵，双方固执己见，互不相让。在这种情况下，紧张的气氛会让人感到压抑，随着冲突的升级可能会导致无法挽回的后果。这时，如果父母与子女都能换位思考，就能立即缓和紧张的局势。

在大多数情况下，我们习惯于从自己的角度出发，认为自己的观点是正确的，自己的需求是首要的。这种以自我为中心的思维容易导致我们忽视他人的感受和利益，从而引发冲突。然而，当我们主动进行换位思考时，我们就能够跳出自我的局限，看到更广阔的天空。

换位思考能让我们尝试站在对方的角度去看待问题，此时会发现，原本看似不可理喻的行为和观点，可能都有其背后的原因和苦衷。

多做换位思考能够让我们感同身受地理解他人的痛苦和快乐，包容并

接纳他人的缺点和不足。当我们面对与自己意见不同的人时，换位思考能够让我们放下偏见和成见，以开放和包容的心态去倾听对方的观点。

要做到换位思考，首先需要我们有一颗谦逊的心。我们不仅要承认自己的认知是有限的，还要认可他人观点的价值和合理性。同时，我们还需要具备良好的倾听能力，真正用心与他人交流，聆听对方的话语，捕捉其中的信息，而不是急于表达自己的看法。此外，我们要用丰富的生活经验和广泛的知识储备来提高换位思考的能力。了解不同的文化、背景和经历，能够让我们在面对他人时，更容易设身处地地理解他们的处境。

在社会生活中，换位思考是一种能够缓和紧张局面的有效策略，对于构建和谐社会具有重要意义。它能够帮助我们打破自我中心的思维模式，用尊重和关爱去温暖他人，共同营造一个美好的世界。

54. 适时退让，反而能够获得更多

在人生旅途中，我们每个人都渴望成功和获得更多，因此常常面临选择和竞争。然而，有时候，一味地竞争和争夺未必是通向成功的最佳途径。适时退让，这个看似与常理相悖的策略，却能让我们收获意想不到的成果。

春秋时期，晋献公听信谗言，杀害了太子申生，又派人捉拿申生的弟弟重耳。重耳得知消息后，连夜逃出了晋国，流亡各国。在楚国时，楚王设宴招待重耳，楚王问："你若有一天回到晋国当上国君，该怎么报答我呢？"重耳稍加思索后回答说："托您的福，如果我能回国执政的话，我愿与贵国友好。假如有一天，晋楚之间发生战争，我一定命令军队先退避三舍（一舍为三十里）。如果还不能得到您的原谅，我再与您交战。"

后来，重耳真的回到晋国成为国君，就是历史上著名的晋文公。晋国在他的治理下日益强大。

公元前633年，楚国和晋国的军队果然在作战时相遇。晋文公为了实现他许下的诺言，下令军队后退九十里，驻扎在城濮。楚军见晋军后退，以为对方害怕了，立即追击。晋军利用楚军骄傲轻敌的弱点，集中兵力，大破楚军，取得了城濮之战的胜利。

在"退避三舍"的故事中，重耳选择了退让和隐忍，没有盲目冲动。最终战胜了楚军，成为"春秋五霸"之一。

在与人交往时，我们难免会与他人产生矛盾和冲突。如果双方都固执己见，互不相让，往往会导致关系的破裂，甚至引发更严重的后果。此时，一方若能主动退让，不仅能够化解矛盾，还能赢得对方的尊重。这种退让并不是我们失去了面子或尊严，而是展现了成熟和大度。

在追求人生目标的过程中，当我们发现自己所选择的道路非常艰难，或者当前的条件不足以支持我们实现目标时，暂时的退让可以让我们及时重新审视自己的方向和策略，从而避免承受过度的压力和挫折。

适时退让能够让我们拥有更平和的心态，面对生活中的挑战和不如意，我们不会因为一时的得失而焦虑，而是从长远的角度看待问题，做出更加明智的决策。

此外，适时退让还能为我们创造更多的合作机会。当我们在某些问题上表现出愿意退让的姿态时，往往能够打破僵局，与对方建立互信与合作的关系。通过合作，双方可以整合资源，发挥各自的优势，实现共同发展，从而获得比单纯竞争更大的利益。

然而，要做到适时退让并非易事。这需要我们克服内心的骄傲和固执，摈弃短视的利益追求，拥有长远的眼光和广阔的胸怀。同时，我们还需要准确地判断局势，把握退让的时机和程度，以免过度退让导致自己失去应有的机会和利益。

55. 走出“旅行者困境”，切勿自作聪明

在生活的舞台上，我们每个人都在扮演着自己的角色，追求自己的目标。然而，有一种行为常常让我们陷入困境，那就是自作聪明和小算计。

自作聪明是一种对自身能力和智慧的过度自信，认为自己能够洞悉一切、掌控全局，从而做出一些看似精明实则愚蠢的决定。虽然有时自作聪明可以获取短暂的利益，却往往忽视了长远的影响。

博弈论中，“旅行者困境”是一个引人深思的经典案例，它深刻地揭示了在自作聪明心理的驱使下，人们过度追求自身利益最大化，最终却陷入了一种意想不到的困境。

“旅行者困境”的设定是这样的：两个旅行者从遥远的岛上归来，他们买了完全相同的古董。在坐飞机回家的途中，却发现古董都被航空公司损坏了，航空公司需要对他们进行赔偿。航空公司不知道古董的真实价格，但知道价格在0～1000元之间，于是让两个旅行者各自写下古董的价格。如果两人写的价格相同，就按照这个价格赔偿；如果两人写的价格不同，就按照较低的价格赔偿，并且写低价的人会额外得到200元奖励，而写高价的人会少得200元。

从表面上看，两个旅行者可能都会想：如果我认为花瓶值800元，而

对方写了700元，那么我写600元就能得到800元的赔偿。这种推理似乎很聪明，导致大家都倾向于写更低的价格，最终可能两人都写0元，远远低于古董的实际价值。这就是“旅行者困境”所展现的，人们在试图自作聪明地追求最大利益时，反而共同陷入了最差的境地。

历史的长河中，不乏因自作聪明而导致惨痛后果的例子。比如，东汉末年的杨修，聪明过人，屡次猜出曹操的心思并不断宣扬。他自以为聪明绝顶，却不知此举已经触怒了曹操，最终落得个身首异处的下场。

在现实生活中，自作聪明和要小聪明的现象屡见不鲜。职场上，总有些人试图通过要小聪明来获得晋升的机会，如在领导面前贬低同事，或者在工作中偷工减料。然而，这样的行为往往纸包不住火，一旦被识破，不仅会失去晋升的机会，还可能丢掉工作。

在人际关系中，自作聪明更是容易破坏彼此之间的信任和感情。

自作聪明的根源，往往在于人们的短视和贪婪。只看到眼前的利益，忽视了长远的发展；只想着满足自己的贪欲，而不顾及他人的感受。

那么，如何避免自作聪明和要小聪明呢？

（1）我们要养成谦逊的习惯，明白自己的知识和能力是有限的，没有人能够真正掌控一切。谦逊能让我们虚心学习，不断提升自己的认知水平，从而做出更加明智的决策。

（2）我们要有长远的眼光，不被眼前的小利益所迷惑，而是着眼于未来的发展。在做决策时，要充分考虑行为可能带来的长期后果，权衡利弊，选择对自己和他人都有益的道路。

（3）我们要学会换位思考，理解他人的需求和感受，避免只从自己的角度出发，做出自私自利的行为。

（4）我们要培养正直和诚信的品质，诚实和公正地行事，不要小聪明，不算计他人。只有以真诚和善良对待世界，才能赢得他人的尊重和信任，收获真正的成功和幸福。

在人生的道路上，让我们摈弃自以为是，脚踏实地，一步一个脚印地前行。只有这样，我们才能走得更远、飞得更高，收获充实而有意义的人生。

56. 学一学“猎鹿博弈”，试一试合作共赢

职场上，我们若想取得一定的发展和成功，一定要明白合作的重要性。对于任何人来说，无论在哪一方面有专长，或者具备哪方面的能力，仅凭个人的力量想要达到成功的顶峰是非常困难的。合作共赢始终是一个至关重要的主题。

“猎鹿博弈”这一理论模型为我们深刻理解合作的价值和意义提供了有利的视角。

“猎鹿博弈”源自启蒙思想家卢梭的著作《论人类不平等的起源和基础》中的一个故事。

在古代的村庄里有两个猎人。当地的猎物主要有两种：鹿和兔子。如果一个猎人单独行动，一天最多只能猎到四只兔子。只有两个猎人一起行动才能猎获一只鹿。从填饱肚子的角度来说，四只兔子能保证一个人四天不挨饿，而一只鹿却能让两个人吃上十天。这样，两个人的行为决策可以形成两个博弈结局：一个是分别打兔子，每人得四只；二是合作猎鹿，得一只。因此，“猎鹿博弈”有两个均衡点：要么分别打兔子，每人吃饱四天；要么合作，每人吃饱十天。

显然，两个人合作猎鹿的好处比各自打兔子的好处要大得多，所以，合作才是一种令资源最大化、利益最大化的模式。权衡利弊，两人自然会不约而同地选择一起猎鹿。

从这个简单的故事中，我们可以看出合作所蕴含的潜在利益，以及所面临的风险。当两个猎人都选择合作捕鹿时，他们有可能实现利益的最大化，这便是合作共赢的理想状态。但如果其中一人选择合作，而另一人出于自私或短视选择单独捕兔，那么合作的一方可能会遭受损失，而选择单独行动的一方虽然也能获得一定的利益，但错失了获得更大利益的机会。

在现代社会中，个人做事所能影响的范围十分有限，能够调动的资源也屈指可数。若想要成就一番大事业，必须学会与他人合作。对于个人来说，学会合作可以取长补短，实现各方利益的最大化；对于企业，与其他企业合作经营，形成资源共享机制，可以在激烈的竞争中立于不败之地；对于国家而言，建立战略合作伙伴关系，才能洞悉世界的变化，实现民族的崛起和国家的富强。

然而，要实现合作共赢并非易事。个人的自私心理、短视行为及缺乏信任等问题，都可能导致合作的破裂。这就需要我们在合作的过程中做到以下几点。

（1）我们要树立正确的价值观，摈弃自私自利的思想，认识到合作带来的长远利益远远大于短期的个人得失。

（2）我们要增强沟通与交流，增进彼此之间的了解和信任，减少信息不对称带来的误解和风险。

（3）我们要建立公平合理的合作机制和分配制度，确保各方利益得到保障，这是促进合作的关键因素。

总之，“猎鹿博弈”为我们揭示了合作共赢的可能性和必要性。在当今复杂多变的社会环境中，我们应当学习“猎鹿博弈”的智慧，尝试合作共赢的道路，通过真诚合作，共同应对挑战。

57. 有时不妨多一些置身事外的智慧

在这个纷繁复杂的社会里，我们常常深陷各种事务和情感的纠葛之中，难以自拔。有时，我们想要参与其中，努力改变一切，却往往事与愿违，最终让自己身心疲惫。这时，如果我们多一些置身事外的智慧，就能清晰地剖析问题，最终找到解决之道。

置身事外并不是对责任的逃避，而是一种审时度势的策略，一种超越表面现象、洞察本质的能力。有时候，我们过于投入某件事情，往往容易被情绪和偏见所左右，被表面现象所欺骗，失去客观判断的能力。一旦置身事外，我们放下了个人情感和利益，从旁观者的角度审视全局时，反而能轻松发现被我们忽略的关键因素。

小说《三国演义》中，诸葛亮在赤壁之战前，面对东吴内部主战派和主和派的激烈争论，选择了置身事外，不急于表明立场。诸葛亮深知东吴的决策并非取决于他的言辞，而是取决于东吴自身的利益考量和各方势力的权衡。于是，他暗中观察，等待时机，最终通过巧妙的智谋和精彩的辩论，促成了孙刘联盟，共同抗击曹操。

诸葛亮的置身事外，并非消极等待，而是在等待中洞察局势，为最终的成功奠定基础。

在现实生活中，我们常常会遇到需要置身事外的情况。比如，在职场中，同事之间可能会因为工作分配、职位晋升等问题产生矛盾。如果我们盲目地卷入其中任何一方，都会得罪另一方。此时，我们选择置身事外，专注于做好自己的本职工作，反而能让我们保持中立和清醒，赢得他人的尊重和信任。

在人际关系中，置身事外的智慧同样重要。亲朋好友之间难免会发生矛盾和冲突，当他们向我们倾诉时，我们急于为他们做主、出谋划策，往往会使问题更加复杂，甚至让自己陷入尴尬的境地。相反，如果我们先冷静下来，听取他们的倾诉，并给予适当的安慰，而不是急于介入，反而能够让他们更好地厘清思路，从而解决问题。

置身事外的智慧，还体现在我们对待社会现象的态度上。在信息时代，各种新闻层出不穷，每个热点都容易引发公众的热议和争论。然而，很多事情并非看起来那么简单。我们应该多一些思考，多一些调查，从不同的角度去分析问题，而不是急于进行评论。只有这样，才能更理性地看待事物，避免被误导和利用。当然，置身事外并不意味着永远袖手旁观。在必要的时候，我们仍然需要挺身而出，承担起自己的责任。

要培养置身事外的智慧，首先，需要学会控制自己的情绪和冲动。在面对问题时，应先让自己冷静下来，避免被情绪所支配。其次，要拓宽视野和改变思维方式，学会从多个角度看待事物，不局限于眼前的利益和表象。此外，还需要不断学习和积累经验，提高洞察力和判断力，从而在关键时刻能够做出明智的选择。

总之，我们不妨多一些置身事外的智慧，保持一分清醒和从容，更好地理解他人，解决问题，避免麻烦和冲突。

58. 追求共赢，谁说竞争一定要有输家

在当今社会，竞争无处不在。从商业领域的市场争夺到个人在学业、事业上的拼搏，竞争存在于我们日常生活的方方面面。一直以来，我们似乎都默认了竞争必有胜负，必有赢家和输家。

然而，当我们深入思考竞争的本质和意义时，不禁要问：谁说竞争一定要有输家？追求共赢，或许才是竞争的更高境界。

不妨设想一下：如果竞争的最终目的仅仅是决出胜负，那么在竞争中暂时处于劣势的一方，势必会因为多次失败而丧失信心，失去继续前进的动力；获胜的一方，也可能因为没有了强劲的对手而陷入自满，失去进一步提升的机会。这样的竞争，对于个人的成长和社会的发展，真的有益吗？

事实上，竞争并非一定要有输家。在很多情况下，通过合作与协同，竞争各方可以实现共赢。

以体育竞赛为例，两支队伍在赛场上激烈角逐，都渴望赢得比赛。但比赛的意义并不仅仅在于分出胜负，更在于通过竞争提高运动员的竞技水平，促进体育事业的发展。获胜的队伍可以获得荣誉和奖励，失败的队伍则能从比赛中总结经验教训，提升自身实力。同时，精彩的比赛还能吸引更多的观众关注体育，推动体育产业的繁荣，这难道不是一种共赢吗？

想要拥有共赢的竞争理念，则需要我们转变思维方式。我们不能仅仅

关注眼前的胜负得失，还要着眼于长远的发展和共同的利益。这意味着我们要学会在竞争中寻找合作的机会，学会与对手相互学习、相互促进的理念，同时，也需要建立公平、透明、有序的竞争规则和机制，保障各方的合法权益，营造一个有利于共赢的竞争环境。

对于个人而言，追求共赢的竞争观念意味着要摈弃狭隘的以自我为中心的想法，培养团队合作精神和大局意识。在工作中，与同事共同进步，为实现共同的目标而努力；在学习中，与同学互相交流、互相帮助，共同提升知识水平和能力素质。这样的竞争不仅能够让我们在个人成长的道路上走得更远，还能构建和谐的人际关系，营造积极向上的社会氛围。

从社会发展的角度来看，共赢的竞争有助于促进资源的优化配置，提高社会生产效率，推动创新和进步。当各方都致力于共同创造价值，而不是相互争斗和消耗时，整个社会将能够实现更快速、更可持续的发展。

总之，竞争不一定非要决出输赢，追求共赢才是更具智慧和远见的选择。只有这样，我们才能在竞争的浪潮中实现共同发展，创造更加美好的未来。

59. 有分寸者不争输赢，只求成长

在人生的长河中，我们时常会陷入对输赢的执着追求。然而，真正有分寸的人懂得，输赢并非生活的全部，成长才是更为重要的目标。他们不会被一时的胜负所困扰，而是以长远的眼光看待生活，在不断的经历中汲取养分，实现自我的成长与提升。

对于我们而言，一时的输赢并非关键，成长的历程才最具价值。我们只有在不断地犯错与改正错误的过程中，才能完成自身的成长。“胜败乃兵家常事”，如果我们过于计较得失，过度关注输赢，结果往往是累垮了自己的身体，伤害了自己的心灵，让自己陷入迷雾之中，难以迈出前行的脚步。

虽然每一次的胜利都能给我们带来愉快的心情、自信的心态、奋斗的欲望及前行的动力，但每一次的失败同样也能给予我们宝贵的经验、不服输的欲望及战胜困难的决心。只接受成功而无法面对失败的人，当失败降临时，只能选择逃避。

在我们的人生道路上，应培养不争输赢、只求成长的乐观心态，去做一个有分寸的人。

我们应该深知，做一个有分寸的人，在成长的道路上，每一次经历都是宝贵的财富。无论是成功的经验，还是失败的教训，都能为我们的成长奠定坚实的基础。

做一个有分寸的人，在面对竞争时，我们应注重自身能力的提升和经验的积累。我们要把竞争对手视为共同进步的伙伴，学习对方身上的优点，弥补自己的不足，通过与他人的竞争，激发我们的潜能，促使自己不断进步。

做一个有分寸的人，在职场中，我们不能为了升职加薪而不择手段，而应努力提升自己的专业技能，以出色的工作表现来赢得机会。我们要懂得与同事协作，共同完成任务。通过与同事的合作，还可以拓展我们的人脉资源，为未来的发展创造更多可能性。

做一个有分寸的人，在追求梦想的道路上，我们不应因短期内看不到成果而轻易放弃。我们应保持坚定的信念，一步一个脚印地朝着目标前进。即使遇到困难和挫折，也要把这些视为成长的磨砺，从中吸取教训，调整自己的方向和方法。

做一个有分寸的人，我们不能在言语上争强好胜，非要压倒对方，而是要善于倾听他人的意见和想法，尊重他人的观点。即使存在分歧，我们也要以平和的方式进行沟通和交流，寻求共识或者相互理解。

总之，有分寸的人不争一时的输赢，而是更看重各种经历所带来的成长。以平和的心态面对竞争和挑战，我们才能走得更远、更稳健，创造出更加丰富而有意义的人生。

第七章

情绪的分寸：内心平和，波澜不惊

60. 训练情商，不做情绪的奴隶

人这一生，总会遇到很多看不惯的人和事。不管是在工作中，还是在感情生活中，我们很容易被情绪所左右。有时，情绪如激昂的交响乐，让我们充满活力与激情；有时，它又似低沉的哀曲，使我们陷入消沉与困惑。

然而，当我们无法抑制情绪，歇斯底里地疯狂发泄时，其结果只能给自己留下一地鸡毛和无法收拾的烂摊子，甚至毁掉人生前程。因此，我们要学会管理自己的情绪。

情绪的产生源于我们对事物的认知和解读。同样的一件事情，不同的人可能会产生截然不同的情绪反应，这是因为每个人的思维方式有所不同。比如，在考试中失利，悲观的人会陷入自我怀疑和绝望之中，而乐观的人则会将其看作一次宝贵的经验教训。训练情商可以帮助我们调整自己的思维方式，学会从积极的角度看待问题。

“情商”一直是大家关注的概念。那么，什么是情商？怎样才算是情商高？又该如何提高情商呢？

情商指的是一个人能够感知、识别、理解和管理自己情绪的能力，也就是说，是对于情绪的掌控能力。

高情商的人具有自我意识，能够清楚地认识自己的情绪状态，了解情绪对行为和决策的影响；具有自我管理能力，能够有效地控制和管理情绪，避免负面情绪对工作和生活的影响；具有社会意识，能够敏锐地察觉他人的情绪和需求，理解他人的观点和感受；具有人际关系管理能力，能够建立良好的人际关系，处理冲突和解决问题，与他人合作并取得共赢的结果。

然而，人最难了解的，不是别人，而是自己。因此，提高自己的情商也不是一件容易的事，需要我们从以下几个方面做起。

（1）我们要经常通过反思和观察自己的情绪反应，了解自己在不同情境下的情绪变化和原因，以此来增强自我意识。比如，通过写日记、进行自我评估等方式来提高自我意识。

（2）我们在情绪出现时，要及时采取有效的方法进行调节，如深呼吸、放松训练、运动等。同时，也要学会积极思考，将消极情绪转化为积极情绪。

（3）我们要尝试站在他人的角度去理解、感受他人的情绪和需求。比如，可以通过阅读和观看电影等方式来培养同理心。

（4）我们要善于倾听和表达，能够有效地与他人沟通。比如，可以通过参加沟通培训、练习倾听和表达等方式来提升沟通技巧。

（5）我们要培养与他人合作的能力，共同完成任务。比如，通过参加团队活动、学习团队合作技巧等方式来培养团队合作精神。

（6）我们要学会有效地解决冲突、化解矛盾。比如，通过学习冲突解决技巧、参加冲突管理培训等方式来提升解决冲突的能力。

（7）我们要具备较高的自信心，能够面对挑战和压力。比如，可以通过积极思考、设定目标、克服困难等方式来培养自信心。

（8）我们要保持积极的心态，面对困难和挫折时能够坚持不懈。比如，通过培养乐观态度、寻找支持等方式来增强心理韧性。

总之，训练情商是一场漫长而又充满意义的旅程。它让我们不再被情绪所左右，而是成为情绪的主人。当我们能够掌控自己的情绪，以平和、积极的心态面对生活中的各种挑战时，我们的人生将会变得更加充实、美好和幸福。

61. 拒绝心浮气躁，把握好情绪的“水位”

在快节奏的现代生活中，心浮气躁似乎成为了许多人的生活常态。

心浮气躁是一种内心的不安定状态，表现为缺乏耐心、容易冲动、情绪波动大。当我们处于这种状态时，往往难以集中精力去做一件事情，也无法理智地应对生活中的挑战和困难。比如，在工作中，我们急于求成，可能会忽略细节，导致工作失误；在人际关系中，由于一时冲动，可能会说出伤人的话，破坏原本良好的关系。

那么，我们应该如何拒绝心浮气躁，把握好情绪的“水位”呢？

（1）我们要学会认识和接纳自己的情绪。情绪反映了我们对外部世界的感受和反应。当我们感到心浮气躁时，不要试图压制或逃避这种情绪，而是要停下来，深呼吸，静下心来问问自己：“我为什么这么烦躁？是什么原因导致了我的这种情绪？”通过自我反思，我们能够更好地理解自己的内心需求，从而找到解决问题的根源。

年轻人小张在一家创业公司工作，压力巨大，每天都有大量的任务等着他完成，客户的要求也越来越苛刻。渐渐地，小张变得心浮气躁，对同事经常发脾气，工作效率也越来越低。终于有一天，领导找他谈话，提醒他要注意自己的情绪。小张开始反思自己的行为，他意识到自己之所以如此烦躁，是因为对工作的期望过高，而又没有找到合适的应对方法。于是，他调整了心态，接纳了当前的工作压力，并制订了详细的工作计划，逐步解决问题。随着时间的推移，小张的情绪逐渐稳定下来，工作业绩也越来越好。

小张在面对心浮气躁的情绪问题时，没有一味地逃避，而是静下心来，调整心态，最终找到了问题的根源，圆满解决了情绪问题。

（2）我们要培养耐心，用耐心去克服心浮气躁的情绪。耐心能够让我们在等待中保持平静，在困难面前坚持不懈，不断提高意志力和专注力。比如，我们可以从练习书法、阅读一本长篇小说、学习一门新语言等做起。在这个过程中，我们的耐心会日益增强，心浮气躁的情绪会日渐削弱。

卜面就是一个典型的例子。

王鑫一直梦想成为一名优秀的摄影师。然而，他是一个急性子，在学习摄影的初期总是心浮气躁，急于在短时间内拍出完美的作品。可是，每次拍摄后，王鑫看到自己拍摄的照片都不如预期，时间久了，他感到非常沮丧和失落。后来，王鑫的老师建议他每天花一定的时间进行静物拍摄练习，以此来培养耐心和观察力。王鑫开始静下心来，认真对待每一次拍摄，从构图、光线到细节，一点点地琢磨。经过几个月的坚持，王鑫的摄影技术有了显著的提高。更重要的是，他学会了在追求艺术的道路上保持耐心，不再被心浮气躁所困扰。

（3）我们要保持良好的生活习惯，以提高情绪的稳定性。充足的睡眠、合理的饮食和适度的运动能够让我们的身心处于良好的状态，增强我们应对压力和情绪波动的能力。当我们的身体充满活力时，心情自然也会更加舒畅。

（4）我们要利用放松和减压等方法来调节情绪。比如，在忙碌中，我们可以给自己留出一些时间去做喜欢的事情，如听音乐、旅行、与朋友聚会等。这些活动能够让我们暂时抛开烦恼，放松身心，重新找回内心的平静。

（5）我们要远离低俗的文化，提高自我修养。当下网络文化良莠不齐，有健康的网文和视频内容，也有低俗、传播错误观念、制造恐慌氛围的网络作品。如果我们接触的都是低俗的娱乐产品，那么精神也会陷入空虚。时间久了，我们就会变得浮躁不安。因此，我们要具备分辨和舍弃低俗内容的能力，善于利用网络，真正充实自己。

总之，拒绝心浮气躁并不是一蹴而就的事情，需要我们在日常生活中不断地学习和实践。但只要我们能够意识到情绪管理的重要性，并采取积极有效的措施去调整和管理，就一定能够掌控好自己的情绪。

62. 摆脱情绪化推理，别被小情绪牵着鼻子走

在生活中，我们常常会陷入一种陷阱——情绪化推理。这种心理现象会束缚我们的思维和行动，使我们失去理性的判断和自主的方向。

简单来说，情绪化推理就是基于当下的情绪感受来推断事实和做出决策，而不是基于客观事实。下面这个例子就是典型的情绪化推理。

去看牙医之前，大多数人会感到害怕和紧张。由于这种感觉，许多人开始预测并坚信看牙医一定是苦不堪言、非常痛苦的事。实际上，治疗牙齿的过程虽然略有不适，但并不会有多大的痛苦。只是自动思维告诉我们"这是很可怕和痛苦的"，我们就会感到害怕，并且对疼痛更敏感。

然而，上述案例中的结论并非基于客观事实，而是被情绪所夸大和扭曲的。这种被情绪主导的思维方式，会给我们带来诸多负面影响。

首先，情绪化推理会阻碍我们对问题的准确判断。情绪像一副有色眼镜，使我们看到的世界并非真实。我们可能会因为一时的激情而冲动行事，做出令自己后悔的决定；或者因为情绪化推理产生过度的焦虑而错失良机，无法充分发挥自己的潜力。

其次，情绪化推理会损害我们的人际关系。我们在情绪的驱使下，容易对他人产生误解或偏见，因此说出伤人的话、做出过激的行为，从而破坏彼此之间的友谊。

最后，情绪化推理会导致我们在面对问题时采取拖延策略。如果我们

情绪化地认为问题无法解决或过于困难，就会导致我们不愿意或不敢去面对和解决问题。

长期被小情绪牵着鼻子走，会严重影响我们的心理健康，导致自卑、抑郁等问题的产生。因此，认识到情绪化推理的存在并学会更理性的思考方式，对于改善个人生活和解决问题至关重要。

那么，如何摆脱情绪化推理，夺回生活的主导权呢？

（1）我们要学会觉察自己的情绪。当情绪升起时，不要急于行动或做出判断，而是先停下来，问问自己："我现在是什么感受？这种感受是从何而来的？"通过这种自我观察，我们能够更加清晰地认识到情绪的存在，而不是被它无意识地控制。

（2）当我们陷入某种情绪性的推断时，要学会反问自己："真的是这样吗？有没有其他可能？"通过用理性思维挑战情绪化的方式，寻找客观的证据来支持或反驳自己的想法。

（3）我们要用积极的心态和乐观的思维方式去看待事物，多关注积极的一面，少聚焦负面的一面。

（4）当情绪强烈时，我们不要强迫自己立刻做出决定或采取行动，要给自己一些时间和空间来处理情绪。比如，可以先做一些散步、听音乐、冥想等放松的活动，待情绪平复后再重新审视问题。

情绪化推理虽然是一种涉及多方面因素的复杂心理现象，但只要我们深入理解这一现象的本质，就一定能摆脱它的束缚，拒绝被小情绪牵着鼻子走，以更加从容、自信的姿态迎接生活的挑战。

63. 掌握情绪的分寸，别在冲动下做决定

冲动是情绪的一种极端表现，它常常在瞬间爆发，让人失去理智和思考能力。比如，在激烈的争吵中，被愤怒冲昏头脑的人可能会口不择言，甚至做出破坏关系的举动。

回顾历史和现实，有许多因冲动决策而导致悲剧的例子。

小说《三国演义》中，关羽被东吴袭杀后，张飞悲痛欲绝，急于为关羽报仇。他的情绪变得极为冲动和暴躁，对部下的要求也极为严苛。张飞命令部下范强、张达在短时间内为他置办全军的白衣白甲，如果办不到就要军法处置。范强和张达深知这是无法完成的任务，在恐惧和无奈之下，趁张飞醉酒熟睡之时，将其杀害。

张飞冲动的性格使他无法冷静地面对丧兄之痛，也不能合理地管理部下，最终导致了自己悲惨的结局。这一事件充分展现了在冲动之下做决定和行事所带来的严重后果。

那么，为什么我们容易在冲动下做出错误的决定呢？

首先，情绪的强烈程度会影响我们的认知能力。当情绪过于强烈时，我们难以全面、客观地评估形势和后果。其次，冲动往往源于对即时满足的渴望。我们希望迅速解决问题、摆脱痛苦或者获得快乐，而忽视了长远的利益和影响。最后，缺乏情绪管理的技巧和经验也是一个重要原因。

相反，那些能够掌握情绪分寸，不在冲动下做决定的人，往往能够取

得更大的成功和幸福。他们在面对压力和挑战时，能够保持冷静，理智地分析问题，做出明智的选择。

因此，为了避免在冲动下做出决定，我们需要学会掌握情绪的分寸，不要在冲动下做决定。

（1）我们要培养冷静思考的习惯。在面对重要决策时，给自己留出一段时间来冷静思考。可以通过深呼吸、暂时离开现场、进行一些放松的活动等方式，让激动的情绪得以平复。在冷静下来之后，再重新审视问题，分析各种可能性和后果。

（2）我们要增强自我控制能力。自我控制就像是内心的刹车系统，能够在情绪即将失控时发挥作用。这需要我们在日常生活中不断地锻炼和培养，从小事做起，如坚持规律的作息、抵制不良诱惑等。

（3）我们要学会换位思考。换位思考有助于我们在情绪激动时保持理性。当我们站在他人的角度看待问题时，往往能够更全面地了解情况，减少冲动和偏见。

（4）我们要注重自身的心理健康，保持良好的心态，积极乐观地面对生活中的困难和挫折，这有助于我们在情绪出现波动时更快地恢复平衡。

（5）我们要不断丰富自己的知识和经验，增强在面对问题时的判断力和决策能力。只有对事物有更深入的了解和认识，我们才能更准确地评估各种可能性和后果，从而减少因冲动而做出错误决定的风险。

总之，掌握情绪的分寸，不在冲动下做决定，是一项需要我们不断提升的重要技能。它不仅能够帮助我们避免不必要的错误和损失，还能让我们更好地应对生活中的各种挑战。

64. 切勿带着情绪口不择言

在人际交往中，语言是传递思想、表达情感的重要工具。然而，我们经常会犯这样的错误：一旦冲动情绪占据主导，就可能失去对言语的控制，口不择言，说出一些伤人伤己的话。这种行为不仅会破坏我们与他人的关系，还可能给自己和他人带来长久的伤害。

小说《三国演义》中，关羽镇守荆州时，孙权曾派诸葛瑾为儿子求亲，想与关羽结为亲家，通过此举进一步强化联盟。但关羽见到诸葛瑾后未能控制好情绪，当场痛斥道："虎女焉能嫁犬子！"并驱赶了求亲使者诸葛瑾。关羽没有想到，他的口不择言彻底关闭了吴蜀联合抗曹的大门，并将孙权推向了曹操阵营。还有一次，关羽北伐前，糜芳因饮酒误事导致失火，关羽再次口不择言，狠狠训斥了他。后来关羽在樊城战事中陷入困境，糜芳叛变，导致关羽失去反攻的支撑，最终败走麦城。

这个案例表明，在情绪激动时不加控制地说话，可能会给自己带来麻烦，甚至导致严重的后果。

带着情绪口不择言，是冲动和缺乏自我约束的表现。比如，在激烈的争吵中，我们可能不假思索地说出"我再也不想见到你""你就是个无能的人"这样偏激的话语，通过强烈的语言攻击发泄我们的不满。然而，这样做的后果不仅无法解决问题，还会加剧矛盾，使关系陷入僵局。

口不择言对他人所造成的伤害是深远而难以弥补的。一句伤人的话，有时就像一把锋利的刀，会深深刺痛对方的心。即使我们后来意识到自己的错误，并诚恳地向对方道歉，但那些已说出口的言语也会深深刻在对方心上，难以完全消除。况且，当我们对他人口不择言时，对方也可能会以同样的方式回应我们。

从一个人成长的角度来看，经常带着情绪口不择言非常不利于我们的发展。首先，它反映了我们情绪管理能力的不足。一个成熟、理智的人应该能够时刻保持冷静，以平和的心态来表达自己的观点。如果总是被情绪左右，无法控制自己的言行，那么他的情绪管理能力是有欠缺的，将很难赢得他人的信任和尊重。其次，口不择言会影响我们的人际关系，使我们孤立无援，陷入困境。此外，长期的情绪失控和不良的言语习惯还可能对我们的身心健康造成损害，导致焦虑、抑郁等心理问题的产生。

那么，我们应该如何避免带着情绪口不择言呢？

（1）我们要学会觉察和识别自己的情绪。当负面情绪出现时，我们要有意识地提醒自己，不要被负面情绪所奴役，可以通过深呼吸、暂时离开现场等方式让自己冷静下来，给自己一些时间和空间去思考和调整。

（2）我们在与人交流时，应多站在对方的角度考虑问题，理解对方的感受和需求。这样能够帮助我们更加理性地看待问题，减少冲突的发生。

（3）我们要不断提高自己的沟通技巧，学会用温和、尊重的语言表达自己的想法和意见，避免使用攻击性和侮辱性的言辞。

（4）我们平时要注重自我修养和情绪调节，通过阅读、运动、冥想等方式来放松身心，提升自己的心理素质和情绪稳定性。

总之，不带着情绪口不择言是一种修养。它不仅能够让我们在人际交往中更加和谐、融洽，还能够促进自身的成长和发展。

65. 避免“情绪反刍”，不要总是揭自己的伤疤

在人际交往中，稍不留意，“情绪反刍”和揭人伤疤这两种不良行为，就会破坏我们与他人之间的关系，甚至给彼此带来难以愈合的创伤。

“情绪反刍”，指的是个体过度地、反复地沉浸在负面情绪中无法自拔，反复“咀嚼”之前带有负面性的事件，从而长期陷入这样一种心理状态。

小说《三国演义》中，赤壁之战时周瑜精心策划，本以为能大获全胜并建立不世功勋，然而诸葛亮却处处料事如神，甚至在一些关键时刻表现得比他更出色。这让周瑜感到自己的光芒被掩盖，心生嫉妒和不甘。例如，周瑜想用火攻之计对付曹操，但苦于没有东风。诸葛亮却神奇地“借”到了东风，使得火攻得以顺利实施。这让周瑜既惊叹又郁闷，惊叹于诸葛亮的通天本事，郁闷于自己的计划仿佛被诸葛亮掌控。后来，周瑜多次设计想要除掉诸葛亮，却都未能成功，这更加重了他的郁闷情绪，最终在“既生瑜，何生亮”的悲愤感慨中去世。

在小说《三国演义》中，周瑜是一个才华横溢的人物，但他心胸相对狭窄，经常被过去的事情折磨，最终抑郁而死。

“情绪反刍”会将我们的注意力集中在负面感受和不幸经历上，影响其他认知能力，使我们失去获得快乐的能力，无法专注于当前的工作和生

活，无法积极面对周围的人和事，同时也让我们看不到充满希望的未来。“情绪反刍”是抑郁症和焦虑症产生的原因之一。

而揭人伤疤则是一种更加恶劣的行为。我们每个人的内心深处都可能隐藏着一些不愿被提及的过往，那些曾经的伤痛、失败、错误或者隐私，就像未愈合的伤疤，一旦被揭开，便会带来钻心的疼痛。然而，总有一些人，出于好奇、嫉妒或者怨恨，故意去触碰他人的痛处，将那些已经缝合的伤口重新撕裂。这种行为不仅是对他人尊严的践踏，更是对人性善良和道德底线的挑战。

“情绪反刍”和揭人伤疤往往是相互关联的。一个经常陷入“情绪反刍”的人，容易对他人产生怨恨和不满，从而通过揭人伤疤来发泄自己的情绪。而一个习惯于揭人伤疤的人，也会因为他人的反感和排斥而陷入更深的负面情绪困境。

那么，我们应该如何避免“情绪反刍”和揭人伤疤呢？

（1）当我们发现自己陷入消极情绪时，要及时停下来，问问自己：“我的这种想法对解决问题有帮助吗？”通过自我审视，帮助我们逐渐摆脱负面情绪的束缚，重新找回理性和积极的心态。

（2）当负面情绪来袭时，不要让自己一直沉浸在痛苦的回忆中。我们可以选择做一些自己喜欢的事情，如读书、运动、旅行等，让自己的身心得到放松和愉悦。

（3）在与他人交往的过程中，我们要设身处地地为他人着想，理解他人的感受和需求。当我们能够站在对方的角度看问题时，就会更加尊重他人的隐私和尊严，不会轻易揭开别人的伤疤。

（4）我们要学会放下，过去的已经过去，无论我们如何悔恨和自责，都无法改变历史。只有学会放下过去的包袱，才能轻装上阵，迎接未来的挑战。

（5）我们要学会宽容，无论是对自己还是对他人，都不要过于苛刻和挑剔。当我们与他人发生矛盾和冲突时，要以宽容的心态去面对，不要纠结于对方的错误，更不要故意去伤害对方。

66. 疏导情绪不是发泄，要找到适当的方式

生活中，我们每个人不可避免地会经历各种情绪的波动，如喜悦和沮丧。情绪时刻反映着我们对周围世界的感知和反应。然而，当负面情绪袭来时，如何正确地疏导它们，成为我们人生中的重要课题。疏导情绪并不是简单地去发泄，而是要通过适当的方式，实现内心的平衡与和谐。

情绪发泄往往是一种冲动且缺乏控制的行为。在情绪的驱使下，人们不加思考地将内心的不满、愤怒或痛苦以激烈的方式释放出来。

相反，情绪疏导是一种有意识、有目的的过程，通过合理的方法和手段对情绪进行调节和管理，使其能够以一种健康、积极的方式得到表达和释放。情绪疏导强调对情绪的认知、接纳和转化，使我们能够从负面情绪中汲取力量，从中学习和成长，而不是被它们所控制和吞噬。

适当的情绪疏导有助于维护我们的身心健康。长期压抑情绪会加大心理压力，可能引发焦虑、抑郁等心理问题，甚至对身体的免疫系统产生负面影响，增加患病的风险。而正确地疏导情绪，则能够帮助我们减轻心理负担，保持良好的心态，从而提高生活质量和工作效率。另外，适当的情绪疏导有助于改善我们的人际关系。当我们以理智、平和的方式处理自己的情绪时，能够避免因情绪失控而对他人造成伤害，从而增进彼此之间的理解和信任，营造和谐的人际关系。

接下来，让我们一起探讨一下适当的情绪疏导方式。

（1）自我反思与倾诉是一种有效的情绪疏导方式。当我们处于负面情绪的旋涡中时，可以先找一个安静的地方，让自己冷静下来，然后深入思考负面情绪产生的原因和背后的需求。通过这种自我反思，我们能够更清楚地认识自己的内心世界，找到解决问题的方向。同时，向亲朋好友倾诉也是一个不错的选择。将内心的烦恼和痛苦说出来，不仅能够得到情感上的支持和安慰，还能够从他人的角度获得新的观点和建议，帮助我们更好地理解和处理自己的情绪。

（2）运动也是一种非常好的情绪疏导方式。科学研究表明，运动可以促进身体内多巴胺的分泌，能够给我们带来愉悦感和放松感，有效地缓解焦虑。无论是跑步、游泳、瑜伽还是散步，都可以让我们的身心得到锻炼和放松，负面情绪也会随之消散。

（3）艺术创作也是一种富有创造性的情绪疏导途径，如绘画、写作、音乐创作等。当我们将注意力集中到艺术作品中时，不仅能够表达内心的感受，还能将负面情绪转化为美的创造，从而获得满足感。

（4）参与志愿活动也是一种有益的方式。通过帮助他人，我们能够将注意力从自己的烦恼中转移，感受到生命的价值和意义，从而提升自我认同感。同时，我们也能够收获他人的感激和尊重，这种积极的反馈能够有效地治愈我们的负面情绪。

（5）培养兴趣爱好也是一种重要的情绪疏导手段。无论是阅读、旅行，还是摄影，都可以让我们将注意力转移到自己喜欢的事情上，从而忘却烦恼和压力。

总之，疏导情绪是一项需要我们不断学习和实践的技能。它不仅仅是简单的发泄，而是通过适当的方式，使我们能够更好地应对生活中的挑战和压力，保持内心的平静与坚强。

67. 划定心理边界，别让别人决定你的心情

虽然我们每个人都有自己的生活，但我们有时也会因他人的目光和言语而情绪低落。在追求内心自由和快乐的过程中，我们应该划定清晰的心理边界，守护好自己的心灵空间，不让别人轻易打扰我们的好心情。

心理边界，如同我们心灵家园的围墙，划定了我们能够接受和容忍的范围，区分了自我与他人的责任和权利。当这道边界清晰明确时，它可以有效地保护我们的情感和精神世界。当边界模糊不清时，我们就容易陷入他人的侵扰之中，心情会变得敏感、脆弱。

在人际交往中，当朋友向你倾诉时，你因为过于在意对方而忽略了自己的能力，导致投入过多的精力去帮助对方，最终使自己疲惫不堪。比如，在单位，面对领导的严苛要求或者同事的帮助请求，你害怕拒绝而默默承受，内心却倍感委屈和煎熬。

之所以会发生这些情况，是因为我们没有划定明确的心理边界，没有学会在关心他人和照顾自己之间找到平衡点。也正是这种失衡让我们的内心充满压力，情绪变得越来越不稳定。

那么，如何划定心理边界呢？

（1）我们要了解自己的价值观、喜好及容忍限度，并以此划定心理边界。我们要明白对我们来说什么是最重要的、我们能够为他人提供的最大帮助是什么。只有我们清楚地知道自己内心的底线在哪里，才能在面对外

界的挑战时有据可依。

（2）我们要学会说“不”，这是划定心理边界的关键一步，也是很多人难以跨越的障碍。通常，我们会因为害怕引起他人的不满或破坏关系而不敢拒绝对方。然而，真正健康的人际关系是建立在相互尊重和理解的基础上的。如果我们以真诚的态度拒绝对方不合理的要求，大多数情况下，对方会尊重我们的选择。

（3）我们要学会设定边界并坚守，然后用实际行动来维护它。比如，在工作中，如果同事总是把工作推给我们，我们可以既礼貌又坚定地表示：“我目前有自己的工作任务需要完成，暂时没有时间帮你做这项工作。”

（4）我们要尊重他人的心理边界，就像我们希望别人尊重我们的心理边界一样。人与人之间，不要试图去控制或改变他人，而应在相互尊重的基础上建立良好的关系。

划定心理边界需要我们不断地实践和调整。在这个过程中，可能会遇到各种挑战和阻力，但只要我们坚守，一定会让生活发生许多积极的变化。

68. 多一些包容和理解，情绪不会失控

人与人相处时，多一些包容和理解是非常重要的。当我们学会以包容和理解之心对待周围的人和事时，情绪便能得到有效的调控，从而避免失控带来的伤害。

包容和理解是一种高尚的品质。它并不是对错误和不公的纵容，而是在明辨是非的基础上，以宽广的胸怀接纳他人的不足，并以同理心去感受他人的处境。在这个纷繁复杂的世界里，每个人都有自己的故事、挣扎和无奈。如果我们总是站在自己的立场去评判一切，那么稍有不如意，就容易引发愤怒、焦虑、怨恨等负面情绪。然而，当我们试着多一些包容和理解，换个角度看问题时，或许就能发现事情并非如我们想象的那样糟糕。

在人际关系中，包容和理解是维系和谐的基石。家人之间，若能多一分包容，少一些指责，便能避免许多无谓的争吵。想象一下，忙碌了一天的丈夫回到家，因为疲惫而对妻子的关心显得有些不耐烦。如果妻子此时不能理解丈夫的辛苦，而是一味地抱怨，那么一场家庭战争可能就此爆发。但倘若妻子能够包容丈夫的情绪，关心他的工作压力，那么紧张的气氛就能迅速得到缓和，取而代之的是相互的体贴和关爱。朋友之间也是如此，每个人都有自己的性格特点和处世方式。当朋友的行为与我们的期望不符时，如果我们能够理解他们的难处，而非立刻生气或疏远，友谊便能长久维系。

在职场环境中，包容和理解至关重要。团队合作中，难免会出现意见不合或工作失误的情况。如果同事之间缺乏包容和理解，互相指责、推诿责任，不仅会影响工作效率，还会破坏团队的凝聚力。而当我们以包容的心态对待他人的错误，以理解的态度倾听他人的想法，共同寻找解决问题的方法，就能营造出一个积极向上、充满活力的工作氛围。同时，对于上级的管理方式或工作安排，如果我们能够从公司的整体利益出发，多一些理解和配合，就能减少抵触情绪，更好地实现个人与团队的目标。

包容和理解是促进社会和谐的润滑剂。不同的文化、观念和生活方式相互交织，难免会产生碰撞和冲突。如果我们对与自己不同的观点和行为缺乏包容，对他人的困境和需求缺乏理解，社会就会充满对立和矛盾。但当我们能够以开放的心态接纳多样性，尊重他人的选择和权利，关心弱势群体的利益，社会就能变得更加温暖、更加包容，每个人都能在这个大家庭中找到自己的归属感和幸福感。

然而，要真正做到包容和理解并非易事。它需要我们克服自身的自私和狭隘，培养同理心和共情能力。这意味着我们要学会放下自我为中心的思维模式，设身处地地为他人着想，感受他们的喜怒哀乐。同时，我们还需要不断强大自己的内心，提升自己的修养和境界，以更加平和、宽容的心态去面对生活中的种种不如意。当我们遇到令自己不满或生气的事情时，即将情绪失控时，不妨先深呼吸几次，让激动的情绪得到暂时的缓解。然后试着从对方的角度去思考问题，也许我们会发现他们的行为背后有着我们未曾了解的原因。比如，在路上遇到一个司机突然插队，我们可能会瞬间怒火中烧。但如果能想到他可能是因为家中有急事才如此匆忙，愤怒的情绪或许就能得到平息，取而代之的是一分理解和宽容。

此外，积极的沟通也是增进包容和理解的重要途径。当我们与他人产生分歧或矛盾时，不要急于争吵和指责，而是心平气和地与对方沟通，表达自己的感受和需求，同时倾听对方的想法。通过有效的沟通，我们往往能够消除误解，与对方达成共识，建立更加深厚的关系。

总之，多一些包容和理解，不仅能够让我们的人际关系更加和谐、职场发展更加顺利、社会环境更加美好，还能让我们的内心变得更加宁静和强大，让我们的情绪始终处于可控的状态。在这个充满挑战和变化的世界里，我们要用包容和理解的心态去化解矛盾、消除冲突，用爱和善意去温暖彼此的心灵，共同营造一个充满阳光和希望的未来。

第八章

生活的分寸：从容淡定，张弛有度

69. 分清工作、生活之间的边界和起止点

在现代社会的快节奏生活中，我们不得不投入更多的时间和精力在工作上，而工作与生活的边界却变得越来越模糊。这使我们无法集中精力投入工作，也无法真正享受生活的美好。因此，工作与生活的平衡成为许多人追求的目标。然而，要实现这一平衡，首先需要我们清晰地分清工作与生活之间的边界和起止点。

明确区分工作和生活，可以使我们在工作时间内集中精力完成任务，减少分心和被干扰，更高效地完成工作，避免拖延和不必要的加班。相反，如果我们不能正确区分工作和生活的边界，就可能在工作时被生活中的琐事干扰，也可能在休息时被工作的思绪困扰。

我们应当明确区分工作和生活，以确保有足够的时间和精力投入生活的各个方面，享受美好的人生。如果工作过度侵占了生活时间，我们可能无法与亲人共度休闲的美好时光，导致生活变得单调和压抑。

我们能够明确区分工作和生活，可以避免工作与生活的混乱状态，减少压力、焦虑和疲劳等负面情绪。明确的边界还有助于我们在工作之余得到休息和放松，缓解心理压力，增强身体的抵抗力，提高工作效率。

可是，在实际生活中，我们往往很难做到正确分清工作和生活之间的

边界与起止点。随着科技的发展，智能手机、电子邮件和即时通信工具的普及，使得工作可以随时随地跟随着我们。即使在下班时间，我们也可能收到工作信息和任务，导致我们难以完全脱离工作状态。随着个人职业追求的提高，我们的工作责任心越来越强，再加上缺乏时间管理能力，也必然导致我们无法有效地划分工作与生活的边界。

那么，我们应该如何分清工作与生活的边界和起止点，维护工作与生活的平衡呢？

（1）我们要设定明确的工作时间。比如，制定一个固定的工作日程，包括上下班时间，并尽量严格遵守。在工作时间内，我们要专注于工作任务；一旦下班时间到了，我们就停止工作，将注意力转移到生活中。

（2）我们可以利用物理空间将工作和生活区域进行分隔。比如，设立专门的工作和休息区域。在工作时，只能在工作区域内工作；下班后，我们在非工作区域内休息，避免在此区域继续处理工作事务。

（3）我们要限制工作通信工具的使用。比如，在下班时关闭工作邮箱和即时通信工具，避免查看和回复工作信息。如果确实有紧急情况，我们可以与同事或上级事先约定特殊的联系方式。

（4）我们要学会拒绝临时及不合理的任务安排。比如，在非工作时间出现的不合理工作要求，要学会勇敢地说“不”，向他人表明自己对工作与生活边界的重视，争取得到理解和支持。

（5）我们通过培养兴趣爱好来转移对工作的注意力。在生活中找到自己热爱的事物，如运动、阅读、旅行等，将注意力从工作中转移出来，丰富生活体验。

（6）我们制定与家人共享的时间。比如，晚餐时间、周末出游等。在这段时间内，我们全身心地陪伴家人，不被工作打扰。

（7）我们可以提高工作效率，减少因工作未完成而将其带入生活的情况出现。

总之，分清工作与生活之间的边界和起止点是实现工作与生活平衡的关键。只要我们合理地规划和坚决地执行，就一定能为自己创造一个既充实又美好的人生。

70. 忙碌要有分寸，留出自我释放的机会

为了工作、学习和家庭，我们在奋斗的路上不停地奔波，常常感到身心俱疲。然而，忙碌也应该有分寸，我们需要留出自我释放的机会，给自己一个喘息的机会。

忙碌是我们对生活的积极追求和责任的担当。它体现了我们的努力、奋斗和对未来的期许。忙碌可以给我们带来成就感和满足感，让我们感受到生存的价值和意义。然而，我们的忙碌不能失去分寸，不能过度占据生活的空间。否则，会导致身体疲惫和产生心理压力，出现各种健康问题，如失眠、免疫力下降、慢性疾病等，心理上则可能产生各种负面情绪，如焦虑、抑郁、烦躁等。

那么，如何才能把握好忙碌的分寸，留出自我释放的机会呢？

首先，我们需要学会合理规划工作时间。比如，制定一个清晰的日程表，将工作、学习和休息等各项活动进行合理安排。在为重要任务分配足够时间的前提下，也要留出一些弹性时间，以应对突发情况。同时，在规划时间时，要给自己留出一定的空闲时间，用于放松和做自己喜欢的事情。

其次，我们要学会设定边界并学会说“不”。大多数时候，我们之所以过度忙碌，是因为不懂得拒绝别人的请求。我们往往认为，拒绝会让别人失望，影响人际关系。但实际上，合理的拒绝在大多数情况下并不会带

来不良后果，反而会让我们能够更好地专注于自己的事情。

最后，培养一些放松的爱好和习惯也是至关重要的。比如，阅读、绘画、听音乐等活动，可以帮助我们全身心投入、忘却烦恼，有效地缓解压力，让我们的心情得到平复。

此外，我们可以定期给自己安排一段完全属于自己的时间，如一个周末的下午或一个假期。在这段时间里，关闭手机和电脑，远离工作和琐事，让身心得到充分的放松和恢复。

让我们学会把握忙碌的分寸，留出自我释放的机会。只有懂得关爱自己的人，才能更好地关爱他人，并创造出更加充实和有意义的人生。

71. 适度宣泄，不要把压力全留给自己

生活中，我们每个人都面临着各种各样的压力。工作的繁忙、人际关系的复杂、家庭的责任以及未来的不确定性，都成为我们肩上的重担。然而，很多时候，我们在面对这些压力时会选择默默地承受。可是，你是否知道，适度宣泄也是应对压力的一种恰当选择？它不仅能帮助我们保持身心健康，还能帮助我们释放内心的压力，重新找回活力。

被誉为“诗仙”的大诗人李白怀有远大的政治理想和抱负，却屡次受挫，一生壮志未酬。他渴望入朝为官，一展才华，但始终未能得到重用。然而，李白并没有将这巨大的压力全部深埋心底，而是选择以诗歌来适度宣泄。

在《将进酒》中，李白高呼“天生我材必有用，千金散尽还复来”，豪迈地表达了对自身才华的自信，以及对命运不公的反抗。李白游历名山大川，饮酒作诗，与友人相聚畅怀。在山水之间，他忘却了世俗的烦恼，将压力转化为对自然的赞美和对人生的思考。

面对仕途的不顺，李白没有被压力压垮，而是通过饮酒作诗，适度宣泄压力，抒发内心的愤懑与豪情。正是乐观豁达的心境，使李白留下了无数传世佳作。

压力，如同一具无形的枷锁，长期得不到释放，就会不断侵蚀我们的身心健康。它会逐渐转化为焦虑、抑郁等负面情绪，影响我们的身体和心

理健康。因此，学会适度宣泄压力，是对自己的一种关爱和保护。

适度宣泄压力的方式多种多样，我们可以根据自己的性格和喜好选择适合自己的方法。倾诉是一种常见且有效的方式。我们与亲朋好友分享自己的烦恼和压力时，他们的倾听和支持能给予我们情感上的慰藉。同时，他们的建议和鼓励也可能为我们带来新的思路和解决办法。

此外，我们还可以选择写作、运动、艺术创作等途径来宣泄压力。通过文字，我们可以自由地表达内心的感受，无论是愤怒、悲伤还是恐惧；在运动中，我们的身体会分泌内啡肽和多巴胺等，给我们带来愉悦感和放松感；在画布上挥洒色彩，用音符表达情感，或者在舞蹈中尽情释放身体的能量，都能够让我们从理性的思维中解脱出来，进入一个充满感性和直觉的世界，找到内心的宁静与平衡。

那么，我们应该怎样做才是适度宣泄，而不是放纵情绪呢?

首先，我们要尊重他人的感受，避免将自己的压力转化为对他人的伤害。

其次，要注意宣泄的场合，不要在公共场合造成不良影响。

最后，要把握好宣泄的程度，避免过度放纵情绪而陷入更加消极的状态。

总之，适度宣泄压力是我们应对生活挑战的必要手段。它使我们不再被压力所束缚，从而能够以更加积极、健康的心态去面对生活。

72. 把握好激情与平淡的边界

生活中，激情与平淡是两个重要的音符。激情能够赋予我们活力，使我们勇敢地去追求梦想；平淡则可以给予我们宁静和思考，让我们感悟人生。然而，激情和平淡是相辅相成的，缺一不可。生活中只是激情或者一直平淡，都是不可能的。所以，我们需要把握好激情与平淡的边界。

激情，是我们内心深处的热情和动力。它能驱使我们去探索未知、挑战极限、追逐梦想。当我们对某件事充满激情时，会全身心地投入其中，并为之倾注所有的情感和精力。激情不仅能让我们的生活充满色彩，还可以推动社会进步和个人成长。然而，激情也需要节制。过度的激情可能会让我们陷入疲惫和焦虑之中，导致盲目冲动，甚至忽视现实的条件和限制，做出一些不理智的决策。

平淡，是一种宁静、平和的生活状态。在平淡的日子里，我们能够静下心来，慢慢思考人生的意义和价值。平淡能让我们从喧嚣和忙碌中暂时解脱出来，给自己一个喘息的机会，并以此为契机，领悟人生真谛，培养内心的坚韧和智慧。然而，过度沉溺于平淡，也可能使我们陷入消极和懈怠。我们的生活会变得毫无生气，缺乏目标和动力，失去了对未来的期待和追求。因此，平淡应该是一种暂时的休息和调整，而不是永远的停滞和退缩。

东晋著名诗人陶渊明便是一个极好的例子。早年的他满怀激情，心怀报国之志，踏入仕途。然而，官场的黑暗与腐败让他深感失望与无奈。在经历了一番挣扎与矛盾后，他毅然决然地选择回归田园，过上了平淡的生活。“采菊东篱下，悠然见南山”，这看似平淡的生活场景，实则蕴含着他内心的宁静与满足。陶渊明放弃了官场的喧嚣，回归自然的怀抱中，在平淡中找到了真正的自我。但这并不意味着他失去了对生活的热爱，相反，他将激情倾注于对自然美景的描绘，以及对人生真谛的思考。他在平淡中保持着内心的激情，创作出了许多流传千古的诗篇，为后世所称颂。

古人的智慧告诉我们，激情与平淡并非相互对立，而是可以相互交融、相互转化的。

那么，我们应该如何把握好激情与平淡的边界，实现激情与平淡的平衡呢？

（1）我们需要认识自己的内心需求和承受能力，也就是说要知道自己在什么情况下能够充满激情，又在什么时候需要平淡来恢复精力。每个人的性格特点和生活节奏都不相同，找到适合自己的激情与平淡的平衡点至关重要。

（2）我们要有明确且充满激情的目标和规划，而不是盲目地消耗激情。在追求目标的过程中，我们要合理安排时间和精力，适时用平淡来调整工作节奏，进行反思，以确保前进的方向正确且可持续。

（3）我们要学会调整心态，以平和的态度面对生活的起伏。无论是激情的时刻还是平淡的日子，我们都应该欣然接受，将其视为生活的一部分。

（4）我们要注重生活的多样化，不要让生活仅仅被激情或平淡所占据。既要有充满挑战和刺激的冒险，也要有安静惬意的休闲时光；既要有热烈的社交活动，也要有独自沉思的宁静时刻。

把握好激情与平淡的边界是一种生活的艺术。只有精准地掌握激情与平淡的节奏，我们才能真正过上充实、有意义且幸福的生活。

73．喜好有度，心存戒惧

每个人都有自己的喜好。喜好如同生活中的调味品，能为我们平淡的生活增添几分滋味。然而，若是不能把握好喜好的度，任由其无节制地发展，便可能成为人生路上的绊脚石，甚至将我们引入歧途。因此，我们应当明白，喜好有度，心存戒惧。

喜好，从本质上来说，是人们对某种事物或活动的特别喜爱和偏好。比如，绘画、听音乐、品茶、烹饪等。适度的喜好能够丰富我们的内心世界，提高个人的修养和品位，还能使我们在繁忙的工作中放松身心、缓解压力。

然而，当喜好失去控制，超越适度的边界，就可能会给我们带来负面影响。比如，纸牌游戏，原本只是一种娱乐消遣的方式，但如果你沉迷其中，无法自拔，甚至可能逐渐演变成恶性的赌博喜好。再如，青年学生对网络游戏过度痴迷，导致学业荒废，损害身体健康。这些例子都警示我们，喜好一旦过度，就难以驾驭，最终会给自己和他人带来伤害。

随着物质生活的丰富和科技的进步，我们面临着更多的诱惑和选择，控制喜好的难度也在不断增加。比如，社交媒体的普及使我们容易沉迷于虚拟的社交互动，忽略了现实社会的人际交往；五彩缤纷的美食诱惑导致我们过度饮食，引发健康问题；购物支付方式的便捷性使我们陷入消费陷阱；等等。面对这些情况，我们更需要培养心存戒惧的意识，学会自我约束和管理。

心存戒惧，是对过度喜好的一种防范和警醒。这里的戒惧并非要求我们完全抛弃喜好，而是在享受喜好带来的快乐的同时，保持清醒的头脑，意识到可能存在的风险和危害，并且做到喜好有度。当我们发现自己对某种喜好过于着迷，已经影响到正常的生活、工作和学习时，就应该及时调整自己的行为。这种戒惧之心，能够帮助我们做到喜好有度。

那么，如何才能做到喜好有度，心存戒惧呢？

首先，我们要树立正确的价值观和人生观，明确自己的人生目标和追求。将喜好视为生活的补充，而不是主导，确保它们不会妨碍我们实现更重要的人生价值。

其次，我们要学会自我监督和反思。定期审视自己的行为和习惯，看看是否因为喜好而偏离了正常的生活轨道。如果发现问题，要有勇气和决心进行改正。

最后，我们可以寻求他人的监督和帮助，如家人和朋友的提醒与建议，共同营造一个有利于保持适度喜好的环境。

总之，喜好是生活中的一部分，但我们必须牢记，喜好需有节制，心存戒惧。只有这样，我们才能以理智和自律驾驭喜好，用戒惧之心守护生活的宁静与幸福。

74. 认清欲望，别让贪婪过度膨胀

欲望是人类最原始、最基本的一种本能。欲望源于人的本性，是想要达到某种目的的要求。欲望无善恶之分，关键在于如何控制。当欲望失去控制，贪婪过度膨胀时，就会成为幸福的敌人，摧毁我们的幸福生活、道德和灵魂。

欲望，从本质上来说，是人类内心对某种事物的渴望和需求。它可以是对物质财富的追求，对权力、地位的向往，也可以是对情感满足的期待，或对知识、智慧的探索。欲望在一定程度上推动了社会的进步和个人的发展。

可是，当欲望越过了适度的边界，演变成贪婪时，问题也就接踵而至。贪婪是一种欲望无节制、永不满足的状态，它会使我们处于持续的焦虑之中。在贪婪的驱使下，我们可能不再考虑他人的利益和感受，也不再关注获取的手段是否正当，只在乎自己的欲望能否得到满足。

在物质方面，贪婪表现为对财富的不择手段和无休止的追求。因此，有些人会为了金钱，不惜违法乱纪，甚至贪污受贿、欺诈行骗、剥削压榨。这不仅破坏了社会的公平正义，还损害了他人的合法权益。在精神方面，贪婪还会侵蚀对真善美的认知能力。当一个人的内心被贪婪占据时，他会不珍惜亲情、友情和爱情，不再关注自然的美景和人文的关怀，内心变得空虚、冷漠和麻木，失去了对真善美的认知能力。

清朝乾隆年间的权臣和珅，起初或许也曾有过一展抱负的心。然而，

随着权力的攀升和欲望的滋长，他逐渐坠入了贪婪的深渊。

和珅利用乾隆皇帝对他的信任，在朝中结党营私，大肆敛财。他不仅收受各级官员的贿赂，还巧立名目，侵占国家财产。其贪污的触角伸向了各个领域，无论是税收、工程还是贸易，都成为他谋取私利的途径。

和珅家中珍宝无数，房产田产不计其数。他的生活极度奢华，与当时百姓的贫苦形成了鲜明的对比。然而，乾隆皇帝驾崩后，和珅失去了最大的靠山。新帝嘉庆果断出手，对和珅进行清算。曾经权倾朝野、富可敌国的和珅最终被赐死，其家产被查抄。

和珅的下场警示后人，欲望一旦失控，贪婪过度膨胀，必将带来灭顶之灾。历史上，因贪婪而导致悲剧的例子数不胜数。

那么，我们应该如何认清欲望，防止贪婪过度膨胀呢？

（1）我们要树立正确的价值观，明白人生的真正意义不在于拥有多少物质财富和权力地位，而在于内心的充实和精神的富足。我们不能将追求物质财富和权力地位作为人生的唯一目标，我们应该关注家庭、友情、健康、知识和个人成长等方面，这些才是幸福人生的重要元素。

（2）我们要学会知足常乐，珍惜已经拥有的生活，不盲目与他人攀比。每个人的生活都有其独特的价值和意义，我们不必强求与他人相同。

（3）我们要培养良好的道德品质和自律能力，坚守道德底线，不做违背良心和法律的事情。当欲望不断膨胀时，我们要学会用理智和道德来约束自己的行为，通过自我反省和自我约束，克制贪婪的滋生。

（4）我们在生活中要保持一颗平常心，看淡名利，不被功名利禄冲昏头脑，不被虚荣和浮华所迷惑。

总之，认清欲望，不让贪婪过度膨胀，是我们每个人都需要面对的人生课题。只有当我们能够正确地驾驭欲望，将其转化为积极向上的动力时，我们的生活才有意义和价值。

75. 摒弃完美主义，找到生活的平衡点

有时，我们会被追求完美的想法所驱使，无论在工作还是生活中，都渴望做到尽善尽美。然而，过度追求完美往往会给自己带来无尽的压力和焦虑，让我们失去对生活的热爱。因此，摒弃完美主义，找到生活的平衡点，才是通往幸福和满足的真正途径。

完美主义从某种程度上来说，是对自身和周围世界较高的期望和要求。在完美主义的驱使下，我们往往力求将每一个细节都打磨到极致，不允许有丝毫的瑕疵。完美主义在我们的工作、学习和发展中能激发一定的动力，但一旦过度，也可能会成为沉重的负担。

在工作中，完美主义者可能会花费过多的时间在一个任务上，由于过度反复修改和完善，却忽略了时间成本和效率。由于害怕被批评、害怕失败，他们不敢轻易发表自己的建议和想法，因此可能错过重要的机会。同样，在学习中，学生过度追求考试的分数，担心每一个小小的失误，这会让他们承受巨大的心理压力。

在人际关系中，我们可能期望自己在他人面前表现得无懈可击，或者要求他人满足我们心中的完美形象。这种不切实际的期望一旦没有达到，就有可能破坏彼此之间的感情。

我们的生活是复杂而多变的，也充满了不确定性和意外。我们不可能

把生活中的每一个方面都控制在完美的框架内。如果一厢情愿，必然会导致焦虑和疲惫。相反，如果我们能够学会接受不完美，降低要求，就能以更轻松的心态面对生活中的挑战和挫折。

那么，我们应该如何摒弃完美主义呢？

（1）我们要找到生活的平衡点，对生活中的各个方面进行合理的分配和取舍。比如，在人生规划中，我们可以努力追求成功，但也要明白，失败和错误也是成长的一部分。这是我们学习和改进的机会，而不是对自己能力的否定。

（2）我们要学会合理安排工作时间，给自己留出休息和放松的空间，避免过度劳累和压力积累。

（3）我们要培养兴趣爱好，与亲朋好友共度时光，关注自己的身心健康，构建平衡生活的重要元素。在个人生活中，不能因为忙于工作而忽略了与家人的沟通和陪伴，也不要为了追求外在的成就而忽视内心的需求。

（4）我们要学会感恩和珍惜已经拥有的，不要总是聚焦于尚未达到的目标。同时，我们要勇于接受自己的不完美，以宽容和友善的态度对待自己，也要以同样的眼光看待他人，理解每个人都有自己的不足和优点。

（5）要摈弃完美主义，找到生活的平衡点，还需要我们有意识地培养一些习惯和思维方式。

①我们要设定合理的奋斗目标，并将大目标分解为小目标、可实现的阶段性目标。这样的做法可以让我们不断获得成就感，而不至于被遥不可及的完美目标所压垮。

②我们要学会接受不确定性，明白生活中很多事情是无法完全预测和被控制的，并以灵活的心态应对变化。

③我们要培养自我反思的能力，定期审视自己的生活状态，看看是否在各个方面都保持了适度的平衡。如果有失衡的情况，要及时进行调整。

总之，生活不是一场追求完美的竞赛，而是一段充满探索和成长的旅程。只要我们勇敢地挣脱完美主义的束缚，拥抱真实而美好的生活，就能在平衡中发现生命的真谛和无尽的乐趣。

76. 摆脱攀比心理，让生活更轻松自在

在当今社会，攀比现象时常出现在我们的生活中。从物质财富到社会地位，从孩子的成绩到个人的外貌，人们总是不自觉地将自己与他人进行比较。这种不断与他人比较、追求超越和胜过他人的攀比心理会给我们带来焦虑、不满和不安，使我们的生活失去原本应有的轻松与自在。

攀比心理的根源可以追溯到人类的本性和社会环境的影响。从人性的角度分析，人生来就具有竞争意识，渴望在群体中脱颖而出，获得别人的认可和尊重。从社会环境来看，媒体的渲染、消费主义的盛行及社交网络的普及，都使我们更容易看到他人看似完美的生活，令我们羡慕，进而激发攀比的欲望。

当攀比出现时，就会产生负面效应。比如，当我们看到别人开豪车、住豪宅、穿名牌时，便会有攀比心理出现。于是，我们拼命赚钱，甚至不惜借贷，只为拥有那些“优越”的物质财富。然而，我们只看到了别人的现在，却不知对方经历了什么。超出自己能力的攀比只会让自己的生活陷入烦恼之中。

在社会地位和职业成就方面的攀比同样令人困扰。比如，我们羡慕那些身居高位、收入丰厚的人，觉得自己的工作没有价值。这种心理会导致我们对工作产生不满，频繁跳槽，最终可能一事无成。

我们深入思考一下，攀比能给我们带来真正的幸福和满足吗？答案是

否定的。首先，攀比是基于外部的标准和他人的生活，而不是基于我们自己内心的实际需求。如果用别人的标准来衡量自己的生活，必然会导致失落和迷茫。其次，攀比会让我们陷入只看到自己不足和差距的认知陷阱，而忽视了自己已经拥有的幸福和成就，从而使我们陷入无休止的欲望中，永远无法享受当下的幸福生活。

那么，我们应该如何摆脱攀比心理，让生活更轻松自在呢?

（1）我们要明确对自己来说什么是真正重要的，并将注意力集中在真正有价值的事物上，而不是被其他的物质和虚荣所迷惑。

（2）我们要培养感恩、珍惜现有生活的心态，减少对他人的羡慕和嫉妒。每天花一些时间思考自己所拥有的，无论是微不足道的小事，还是重要的人或事物，都要心怀感激。

（3）我们要正视自己的不足和缺陷。每个人都有不完美的地方，这是正常的。我们应接受自己的现状，并在自身能力范围内不断努力进步，而不是盲日地与他人比较。

（4）我们应当限制社交媒体的使用频率，减少对他人生活的关注。在社交媒体上，往往呈现的是他人生活的精彩瞬间，而非全部的真相，这会给我们带来一种假象。减少在社交媒体上花费的时间，可以降低我们受到他人影响的程度，让我们更加专注于自己的生活。

（5）我们要与他人建立真诚、深入的关系，与朋友和家人分享真实的感受和经历，互相支持和鼓励，而不是在某些事情上进行比较和竞争。

总之，摆脱攀比心理是一个需要不断努力和自我觉察的过程。我们应当以自己的节奏前进，不受他人的干扰和影响，轻装上阵，以更加从容和自信的姿态面对生活的挑战与机遇。

77. 看淡得与失，保持一颗平常心

在这个不断变化的世界中，得与失如同潮起潮落。很多人都在不断地追求，渴望得到更多的财富、更高的地位。然而，在这个过程中，谁能保证总是有所收获呢？因此，我们常常会被得失所困扰。其实，看淡得与失，保持一颗平常心，才能在人生的道路上走得更加从容、坚定。

得与失是人生中不可避免的一部分。我们不能过于看重得失，不能在得到时欣喜若狂、失去时痛苦沮丧。在对待得与失上，如果被情绪所左右，就失去了对生活的正确判断和把握。

为了得到一些东西，我们可能会牺牲自己的健康、时间或者与家人朋友相处的机会。然而，当我们最终得到了这些东西，可能会发现失去的远比得到的更为珍贵。而当我们真正失去时，又可能会陷入深深的自责和悔恨中，严重影响自己的身心健康。

保持一颗平常心，并不是对理想和目标的放弃，而是一种对生活的深刻理解和正确选择。只有拥有平常心，我们才能以平和的心态看待成功与失败。取得成功时，不被胜利冲昏头脑，继续保持努力；遭遇失败时，也能坦然接受，将其视作一次宝贵的经历，从中吸取教训，重新开始。

在工作中，看淡得失可以让我们更加专注于工作本身，更加注重自身能力的提升和经验的积累，并能够以积极的心态去应对挑战，不断调整自己的方法和策略。

在人际关系中，当我们以平常心对待他人时，能够更加真诚地关心和爱护他们，不期望过多的回报，也能够更加宽容地看待他人的不足和错误。

那么，我们如何才能看淡得失，保持一颗平常心呢？

首先，我们要树立正确的价值观和人生观，明白人生的意义不在于拥有多少物质财富，而在于内心的充实与满足。

其次，我们要学会调整自己的心态，当遇到得失时，从不同的角度去思考问题，看到事物的两面性。同时，我们还可以通过一些方式来放松心情，开阔视野，提升精神境界。

总之，看淡得失，保持一颗平常心，是一种人生的智慧和境界。它能让我们在纷繁复杂的世界中保持清醒的头脑，不被得失所迷惑，不被情绪所左右，从而在人生的道路上走得更远。

78. 学会“留白”，让自己能够从容转身

在忙碌的生活中，我们常常陷入永不停歇的工作与追求之中，好像只有一直努力，生活才有意义。这样的生活状态让我们疲惫不堪，身心俱疲。事实上，适当休息并不是生活的对立面，而是为了更好地生活与工作。当我们感到疲惫时，我们需要给自己“留白”，让自己在纷繁复杂的世界中能够从容转身。

“留白”并非我们对生活的逃避或忽视，而是一种有意识的选择。我们可以在忙碌的生活中留出一段时间，让自己远离无尽的欲望和琐事，摆脱外界的纷扰，静静地放空自己，给自己留下思考和回旋的余地。

学会“留白”可以让我们在工作中避免过度劳累和职业倦怠。我们加班加点，放弃了休息和娱乐的时间，以为这样就能获得更多的成功和满足。其实不然，长期的高强度工作往往会导致我们身心俱疲、工作效率下降。相反，如果能够合理安排工作时间，给自己留出一些空闲来放松，反而能够以更好的状态投入工作，取得更好的成绩。

学会“留白”会让我们在与人相处时明白，需要给彼此一定的空间和自由，过于紧密的关系会让人感到压抑。比如，在恋爱中，任何一方都不应试图掌控对方的生活，而应尊重对方的爱好和隐私；在与朋友交往中，不要过分依赖和干涉对方，而应允许对方有自己的选择。

学会“留白”能够让我们的人际关系更加和谐，当出现问题时，也能

给彼此留出反思和调整的空间。

在个人成长的道路上，“留白”是自我反思和提升的关键。我们长时间处于忙碌的状态中，容易迷失自我，忘记了自己的初心和梦想。通过“留白”，我们可以静下心来，重新审视自己的内心，思考自己真正想要的是什么，应该向哪个方向努力。同时，“留白”也为我们提供了学习和创新的机会，使我们不断尝试新事物，充实自己，提升能力和素质。

苏轼一生坎坷，多次遭遇贬谪。然而，他懂得为人生“留白”。被贬黄州期间，苏轼没有陷入自怨自艾的泥沼，而是纵情于山水，亲自参与农耕劳作，体验田园生活的质朴与宁静，享受大自然的美好。“莫听穿林打叶声，何妨吟啸且徐行。竹杖芒鞋轻胜马，谁怕？一蓑烟雨任平生。”这首《定风波》正是他在困境中保持平和心境、给人生“留白”的真实写照。

正是因为苏轼懂得给自己的生活和心灵留出空间，所以他能够在困境中保持从容淡定，不被外界的荣辱得失所左右。当机会来临时，他依然能以积极的心态面对，施展自己的才华和抱负。

学会“留白”，还能让我们学会放下过去的遗憾和痛苦，不再为过去的错误和失败所困扰。生活中，我们难免会经历挫折，会有一些不如意的事情。如果我们总是沉浸在失败的回忆中，那么我们的内心就会被负面情绪所占据，无法向前看。“留白”可以让时间淡化过去的伤痛，让我们对未来充满希望。

那么，我们应该如何学会“留白”呢?

（1）生活中，我们要淡化物质追求，不过分追求物质的丰富，避免被过多的物质所累。同时，定期清理不需要的物品，让生活空间更加简洁有序，为心灵留出更多的空间去感受和思考。

（2）我们要有选择地参与社交应酬，避免在无意义的社交中消耗过多的时间和精力，给自己留出独处和与他人深度交流的时间与空间。

（3）在忙碌的工作和学习中，我们要安排一定的时间去休息和放松。一次周末的休闲活动或者短途度假旅行，都可以让我们的身心得到充分的放松和恢复。

（4）我们的生活不应被单一的事务填满，应发展一些自己的兴趣和爱好，如绘画、练书法和听音乐等。在这些活动中，我们能够沉浸于自我，创造属于自己的精神空间。

（5）对于那些超出自己能力范围或者不愿意去做的事情，我们要学会拒绝，勇敢地说“不”。只有不轻易地被他人的期待和要求所左右，我们才能为自己的生活保留主动权。

（6）我们要给自己留出思考的时间。比如，每天安排一段安静的时间，用于反思自己的行为、想法和感受，总结经验教训，规划未来的方向。

（7）我们要学会接受不完美，不要事事追求完美，允许自己和生活中存在一定的瑕疵和不确定性，这样不仅可以减少压力，还能为我们的生活创造更多的弹性和余地。

总之，人生的“留白”是一种有意识的生活态度和选择，通过合理的安排和取舍，为自己创造更多的自由和宁静，以更好地应对生活的挑战，享受人生的美好。

79. 适时放慢脚步，发现生活中的美好

在这个快节奏的现代社会，我们似乎总是在匆忙中奔波，追逐着所谓的梦想和目标，仿佛永不停歇的陀螺。然而，当我们在这匆忙的奔波中回首时，却常常发现自己错过了许多沿途的美好。或许，应适时放慢脚步，去发现那些隐藏在平凡生活中的美好，去感受生命中那些细微而温暖的瞬间。

清晨的第一缕阳光透过窗帘的缝隙，轻轻抚摸着你的脸颊，这是一种美好。你从睡梦中悠悠转醒，没有被恼人的闹钟催促，而是自然地迎接新的一天。你伸了个懒腰，感受着身体的舒展和放松。这一刻，生活是如此的宁静与美好。

在忙碌的工作或学习中，你收到朋友或家人的一条关心的短信，询问你的近况，这无疑是一种美好。他们的问候让你感到自己并不孤单，有人在远方默默地关心着你。你回复着短信，心中充满温暖和力量。这一刻，你明白了友情和亲情的珍贵，它们是你在人生道路上最坚实的依靠。

生活中的美好无处不在，它们或许是一场偶然的相遇，或许是一个温暖的微笑。尽管微小，却能给我们带来无尽的温暖和喜悦，让我们感受到生活的美好和幸福。

然而，在现实生活中，我们常常因为忙碌和焦虑而忽略了这些美好。我们总是在追求更大的成功或更高的地位的过程中，忘记了身边那些简单

而美好的事物。我们要学会适时放慢脚步，用心去感受生活中的美好。

适时放慢脚步，并不是让我们放弃追求梦想和目标，而是让我们在前进的道路上感受生活的美好。当我们学会放慢脚步，用心去体会生活中的美好时，会发现生活其实并不像我们想象的那么糟糕，而是充满了惊喜和美好。

放慢脚步，我们可以更加专注于当下的感受，更加珍惜身边的人和事。我们可以更加深入地体验生活的细节，发现那些被我们忽略的美好。放慢脚步，我们可以更好地调整自己的心态，减轻压力和焦虑，给自己留出一些时间和空间来放松和思考，更加清晰地认识自己。放慢脚步，我们可以更加注重生活的质量，提高幸福感。放慢脚步，我们可以感受到大自然宁静而美好的每一刻。放慢脚步，能让我们更好地品味亲情的温暖。放慢脚步，我们还能在友情中找到快乐和支持。放慢脚步，我们更能发现自己内心的热爱和兴趣。放慢脚步，我们还能从日常的琐事中发现生活中的美好。

那么，我们应该如何放慢脚步呢？

（1）我们要学会放松。比如，每天安排如冥想、瑜伽、深呼吸练习等专门的放松时间，让身心从紧张的状态中解脱出来。

（2）我们要限制电子设备的使用时间，避免沉迷于虚拟世界，多关注身边的现实环境。

（3）我们要培养兴趣爱好，投入自己喜欢的活动中，如绘画、练书法、烹饪、阅读等，这些活动可以使我们沉浸其中，忘却外界的喧嚣。

（4）我们要时常亲近自然。比如，定期去公园、郊外或山区散步、骑行，呼吸新鲜空气，欣赏自然美景，感受四季的变化。

（5）我们要经常与亲友相聚，多花时间与家人和朋友相处，进行深入的交流，分享彼此的生活和感受。

（6）我们要经常放慢工作节奏，避免过度加班和忙碌，合理安排工作任务，提高效率，留出足够的休息时间。

（7）我们可以安排一次深度旅行，选择一个地方深入体验当地的文化、风俗和生活方式。

（8）我们要建立规律的作息，保持充足的睡眠，按时起床和休息，让身体和心灵都得到充分的恢复。

总之，适时放慢脚步，发现生活中的美好，是一种生活的智慧，也是一种对自己的关爱。我们在这个喧嚣的世界里，要找到属于自己的宁静角落，用心去感受那些微小而真实的美好，让生活充满阳光和温暖。因为，真正的美好往往就隐藏在平凡的日常之中，等待着我们去发现、去珍惜。